江苏高校“青蓝工程”优秀教学团队资助项目，2025年江苏省高等教育教学改革重点课题“教育家精神引领的师范院校思政课‘1+2+3+4+5’五育融合实践教学体系构建”（课题编号：2025JGZD168）的阶段性研究成果。

高校思想政治课实践教程

主　编　陈玉君　毛东进　孙红兵
副主编　孙海燕　刘　静　张严文
编　者　何佳炜　陈月华　郁冬梅
楚　燕　李　娟　盛良瑜

苏州大学出版社
Soochow University Press

图书在版编目（CIP）数据

高校思想政治课实践教程 / 陈玉君，毛东进，孙红兵主编. -- 苏州 ：苏州大学出版社，2025. 8. -- ISBN 978-7-5672-5259-2

Ⅰ. G641

中国国家版本馆 CIP 数据核字第 2025WU8281 号

GAOXIAO SIXIANG ZHENGZHIKE SHIJIAN JIAOCHENG

责任编辑：叶　觅　　**装帧设计**：刘　俊

出版发行：苏州大学出版社　　**网　　址**：http://www. sudapress. com

社　　址：苏州市十梓街 1 号　　**邮　　箱**：sdcbs@ suda. edu. cn

邮　　编：215006　　**开　　本**：787 mm×1 092 mm　1/16

印　　刷：苏州市越洋印刷有限公司　　**印　　张**：9. 5

版　　次：2025 年 8 月第 1 版　　**字　　数**：160 千

印　　次：2025 年 8 月第 1 次印刷　　**定　　价**：36. 00 元

图书若有印装错误,本社负责调换

苏州大学出版社营销部电话　0512-67481020

苏州大学出版社天猫旗舰店　https://szdxcbs. tmall. com

前言

高校思想政治课（以下简称“思政课”）是落实立德树人根本任务的关键课程，承担着对大学生进行系统的马克思主义理论教育的任务，是巩固马克思主义在高校意识形态领域指导地位、坚持社会主义办学方向的重要阵地和重要载体。新时代全面贯彻党的教育方针、落实立德树人根本任务，必须不断提升思政课主干渠道和核心课程的作用，将其建设成为加强和改进高校思想政治工作、实现高等教育内涵式发展的第一课程。

习近平总书记强调，各级各类学校要自觉担起主体责任，不断开创新时代思政教育新局面，努力培养更多让党放心、爱国奉献、担当民族复兴重任的时代新人。这对高校思政课提出了新的更高要求。为了全面提升思政课教育教学的时效性，有效传播马克思主义科学理论，筑牢大学生成长成才的科学思想基础，引导学生树立正确的世界观、人生观、价值观，也为了更好地坚持思政课建设与党的创新理论武装同步推进，深化思政实践教学改革，扎实开展好“行走的思政课”，编写适合新时代、有地方特色的高校思政课学生辅导用书势在必行。本书旨在帮助学生巩固基础理论知识，通过实践活动提升学生的理论素养。

整体而言，本书具有以下特点。

一是内容丰富，有益于学。全书每章都设有“逻辑脉络”“经典导入”“理论答疑”“实践课堂”“巩固训练”模块，将理论知识、思维导图、实践训练等有机地结合在一起，以期调动学生学习的积极性，增加学习的趣味性，巩固学习效果，活跃课堂气氛。

二是系统全面，一脉相承。全书较为系统地介绍了毛泽东思想、邓小平理论、“三个代表”重要思想、科学发展观的主要理论观点，深入梳理了中国化时代化马克思主义理论的逻辑脉络，在内容上融入了党的创新理论的最新成果，便于学生深入领会马克思主义中国化时代化发展的最新成果。

三是随学随练，便于检验。本教材“巩固训练”模块和在线课程建设相衔接，包括单选题、多选题、判断题、简答题四种题型，覆盖对应章节的重要知识点，方便学生随学随练，扎实掌握课程内容。

四是注重经典，深度拓展。本书各个板块都以“经典导入”的模式精选马克思主义经典作家在各个历史时期的重要文献供学生课前和课后学习，以期引导学生系统地掌握中国化时代化马克思主义的精髓，提升理论素养。

由于编者水平有限，书中存在的疏漏与不当之处，敬请广大读者批评指正，以便我们不断修订、改进。

编　者

2025 年 6 月

目录

导论　马克思主义中国化时代化的历史进程与理论成果

一、逻辑脉络

- 马克思主义中国化时代化的历史进程与理论成果
  - 马克思主义中国化时代化的提出
    - 马克思主义传入中国并被中国人民接受
    - 马克思主义中国化同时包含着马克思主义时代化的意蕴
    - 为什么要推进马克思主义中国化时代化
  - 马克思主义中国化时代化的内涵
    - 三层意思
  - 马克思主义中国化时代化的历史进程
    - 新民主主义革命时期、社会主义革命和建设时期
    - 改革开放和社会主义现代化建设新时期
    - 中国特色社会主义新时代
  - 马克思主义中国化时代化的理论成果及其关系
    - 毛泽东思想
    - 邓小平理论
    - “三个代表”重要思想
    - 科学发展观
    - 习近平新时代中国特色社会主义思想
  - 学习本课程的要求和方法
    - 掌握基本理论
    - 培养理论思维
    - 坚持理论联系实际

二、经典导入

《中共中央关于党的百年奋斗重大成就和历史经验的决议》导读

2021 年 11 月 11 日，中国共产党第十九届中央委员会第六次全体会议通过的《中共中央关于党的百年奋斗重大成就和历史经验的决议》全面总结了党百年奋斗的重大成就和历史经验，深刻阐释了党百年奋斗的历史意义。

（一）党的百年奋斗从根本上改变了中国人民的前途命运

近代以后，中国人民深受三座大山压迫，被西方列强辱为“东亚病夫”。一百年来，党领导人民经过波澜壮阔的伟大斗争，中国人民彻底摆脱了被欺负、被压迫、被奴役的命运，成为国家、社会和自己命运的主人，人民民主不断发展，十四亿多人口实现全面小康，中国人民对美好生活的向往不断变为现实。今天，中国人民更加自信、自立、自强，极大增强了志气、骨气、底气，在历史进程中积累的强大能量充分爆发出来，焕发出前所未有的历史主动精神、历史创造精神，正在信心百倍书写着新时代中国发展的伟大历史。

（二）党的百年奋斗开辟了实现中华民族伟大复兴的正确道路

近代以后，创造了灿烂文明的中华民族遭遇到文明难以赓续的深重危机，呈现在世界面前的是一派衰败凋零的景象。一百年来，党领导人民不懈奋斗、不断进取，成功开辟了实现中华民族伟大复兴的正确道路。中国从四分五裂、一盘散沙到高度统一、民族团结，从积贫积弱、一穷二白到全面小康、繁荣富强，从被动挨打、饱受欺凌到独立自主、坚定自信，仅用几十年时间就走完发达国家几百年走过的工业化历程，创造了经济快速发展和社会长期稳定两大奇迹。今天，中华民族向世界展现的是一派欣欣向荣的气象，巍然屹立于世界东方。

（三）党的百年奋斗展示了马克思主义的强大生命力

马克思主义揭示了人类社会发展规律，是认识世界、改造世界的科学真理。同时，坚持和发展马克思主义，从理论到实践都需要全世界的马克思主义者进行极为艰巨、极具挑战性的努力。一百年来，党坚持把马克思主义写在自己的旗帜上，不断推进马克思主义中国化时代化，用博大胸怀吸收人类创造的一切优秀文明成果，用马克思主义中国化的科学理论引领伟大实践。马克思主义的科学性和真理性在中国得到充分检验，马克思主义的人民性和实践性在中国得到充分贯彻，马克思主义的开放性和时代性在中国得到充分彰显。马克思主义中国化时代化不断取得成功，使马克思主义以崭新形象展现在世界上，使世界范围内社会主义和资本主义两种意识形态、两种社会制度的历史演进及其较量发生了有利于社会主义的重大转变。

（四）党的百年奋斗深刻影响了世界历史进程

党和人民事业是人类进步事业的重要组成部分。一百年来，党既为中国人民谋幸福、为中华民族谋复兴，也为人类谋进步、为世界谋大同，以自强不息的奋斗深刻改变了世界发展的趋势和格局。党领导人民成功走出中国式现代化道路，创造了人类文明新形态，拓展了发展中国家走向现代化的途径，给世界上那些既希望加快发展又希望保持自身独立性的国家和民族提供了全新选择。党推动构建人类命运共同体，为解决人类重大问题，建设持久和平、普遍安全、共同繁荣、开放包容、清洁美丽的世界贡献了中国智慧、中国方案、中国力量，成为推动人类发展进步的重要力量。

（五）党的百年奋斗锻造了走在时代前列的中国共产党

党成立时只有五十多名党员，今天已成为拥有九千五百多万名党员、领导着十四亿多人口大国、具有重大全球影响力的世界第一大执政党。一百年来，党坚持性质宗旨，坚持理想信念，坚守初心使命，勇于自我革命，在生死斗争和艰苦奋斗中经受住各种风险考验、付出巨大牺牲，锤炼出鲜明政治品格，形成了以伟大建党精神为源头的精神谱系，保持了党的先进性和纯洁性，党的执政能力和领导水平不断提高，正领导中国人民在中国特色社会主义道路上不可逆转地走向中华民族伟大复兴，无愧为伟大光荣正确的党。

三、理论答疑

（一）为什么中国共产党成立以前各种救亡图存运动都没有成功？

鸦片战争后，在西方列强的轮番侵略和践踏下，中华民族陷入亡国灭种的危机，“四万万人齐下泪，天涯何处是神州”。为了捍卫民族独立和尊严，捍卫中华文明，无数仁人志士为挽民族于危亡、救人民于水火，前赴后继、上下求索，抛头颅、洒热血，进行了不屈不挠的反侵略反压迫斗争，写下了一曲曲可歌可泣的悲壮之歌。

反帝反封建斗争的主力最初是农民。1851 年洪秀全等发动的太平天国运动，是中国旧式农民战争即没有先进阶级领导的单纯农民战争的高峰；19 世纪末至 20 世纪初爆发的义和团运动，是一场震撼中国大地的以农民为主体的反帝爱国运动。他们英勇的斗争给予外国侵略者和本国封建统治者以有力的打击。但是农民作为小生产者，并不代表先进的生产力和生产关系，不可能找到中国实现独立和富强的正确道路。他们的斗争不能不以失败告终。

地主阶级救亡图存的洋务运动也破产了。洋务派提出“自强”“求富”的口号，主张“中学为体，西学为用”，企图在维护中国腐朽的封建主义社会制度和伦理原则的前提下引进西方资本主义国家新的军事和生产技术，而这两者是不相容的。1894—1895 年中日甲午战争中清政府的惨败宣告了洋务运动的破产。

资产阶级维新派的改良主义也失败了。1898 年，资产阶级维新派掀起了一场变法维新运动，史称“戊戌变法”。但是，他们力量太小，仅仅依靠一个没有实权的光绪皇帝，因此在慈禧太后发动政变，光绪皇帝被幽禁后，维新运动便很快失败。这说明，在半殖民地半封建的中国，依靠封建统治者自上而下地进行带有资产阶级性质的改良，是根本不可能成功的。

资产阶级革命派掀起的辛亥革命推翻了清王朝的统治，结束了在中国延续几千年的君主专制制度，冲破了封建主义的樊篱，推动了中国民族资本主义经济的发展，打开了中国进步潮流的闸门，但仍然没能完成反帝反封建的历史任务，没有改变中国人民的悲惨命运。

…………

这些救亡图存运动虽然慷慨激昂，但由于其历史的局限性，没有找到科学的理论、正确的道路和可依靠的社会力量，没有一个先进的坚强的政党作为凝聚力量的领导核心，终究没有逃脱失败的命运，可谓一路慷慨一路歌，最终抱终天之恨，黯然收场。

历史充分证明：没有先进理论的指导，没有用先进理论武装起来的先进政党的领导，没有先进政党顺应历史潮流、勇担历史重任、敢于作出巨大牺牲，中国人民就无法打败压在自己头上的各种反动派，中华民族就无法改变被压迫、被奴役的命运。

（二）马克思主义为什么要中国化时代化?

1. 推进马克思主义中国化时代化，是马克思主义理论发展的内在要求

《共产党宣言》1872年德文版的序言指出："这些原理的实际运用……随时随地都要以当时的历史条件为转移。"

《马克思恩格斯选集》第四卷："马克思的整个世界观不是教义，而是方法。它提供的不是现成的教条，而是进一步研究的出发点和供这种研究使用的方法。"

《列宁选集》第二卷："马克思主义的全部精神，它的整个体系，要求人们对每一个原理都要（α）历史地，（β）都要同其他原理联系起来，（γ）都要同具体的历史经验联系起来加以考察。"

作为洞察时代、引领时代的科学理论，马克思主义只有正确运用于实践并在实践中不断发展才能体现其科学性，彰显其强大力量，始终保持蓬勃生机和旺盛活力。对马克思主义最好的坚持就是发展。

2. 推进马克思主义中国化时代化，是解决中国实际问题的客观需要

我们不能忘了我们为什么要引入马克思主义这个救国救民的真理。我们得明白引入它的初衷是解决中国的实际问题，是救国救民。只有解决问题了，它才有价值，否则再好的理论也没有用，只是僵化的教条，你不能把它引入过来，把它捧为不可侵犯的、不可作出任何改变的理论。要解决中国的实际问题，就得把马克思主义中国化时代化。只有与中国国情相结合、与时代发展同进步，马克思主义才能解决中国的实际问题。这体现在两个方面。

（1）旧中国——半殖民地半封建的东方大国靠简单套用马克思主义一般原理和照搬外国经验不可能解决特殊的复杂问题。

（2）进行社会主义建设和改革，实现社会主义现代化和中华民族伟大复兴，不能把马克思主义当成教条，更不能照抄照搬别国经验。

历史和现实、理论与实际证明：马克思主义要在中国发挥指导作用，就必

须中国化时代化。只有与中国国情相结合、与时代发展同进步，马克思主义才能真正解决中国的实际问题，才能在中国大地上闪耀真理光芒；也只有实现马克思主义中国化时代化才能救中国、发展中国，才能实现中华民族的伟大复兴。

四、实践课堂

（一）实践目标

通过问卷调查，获得学生对“毛泽东思想和中国特色社会主义理论体系概论”课程的了解程度、学习动力、感兴趣的内容、教学方法偏好等第一手反馈，知晓该课程对学生的帮助和影响，同时收集学生对课程的建议，从而更好地理解学生的学习需求和偏好，进而调整教学内容和方法，以提高教学效果和学生的满意度。

（二）实践方案

填写调查问卷

亲爱的同学们，欢迎来到“毛泽东思想和中国特色社会主义理论体系概论”的世界。这门课程为大家系统掌握中国化时代化马克思主义理论的形成发展、主要内容和精神实质，不断增强中国特色社会主义道路自信、理论自信、制度自信、文化自信，坚定中国特色社会主义理想和信念提供了重要的途径。为了更好地满足大家的学习需求，提高教学质量，我们特别准备了一份问卷调查，请大家抽出几分钟时间填写，共同增强本门课程的学习效果。感谢大家的支持！

1. 你高中学的是文科还是理科？

□ 理科

□ 文科

2. 你所学的专业是__________________。

3. 你对“毛泽东思想和中国特色社会主义理论体系概论”课了解程度如何？

□ 非常了解

□ 比较了解

□ 不太了解

□ 完全不了解

4. 你上“毛泽东思想和中国特色社会主义理论体系概论”课的主要动力是？

☐ 必修课，拿学分

☐ 内容深刻，能够增强思想认识

☐ 能够回答人生、社会问题

☐ 对马克思主义中国化时代化理论感兴趣

☐ 其他

5. 在“毛泽东思想和中国特色社会主义理论体系概论”课中，你比较感兴趣的章节是？（可多选）

☐ 毛泽东思想及其历史地位

☐ 新民主主义革命理论

☐ 社会主义改造理论

☐ 社会主义建设道路初步探索的理论成果

☐ 中国特色社会主义理论体系的形成发展

☐ 邓小平理论

☐ “三个代表”重要思想

☐ 科学发展观

6. 在“毛泽东思想和中国特色社会主义理论体系概论”课中，属于你知识盲点的章节是？（可多选）

☐ 毛泽东思想及其历史地位

☐ 新民主主义革命理论

☐ 社会主义改造理论

☐ 社会主义建设道路初步探索的理论成果

☐ 中国特色社会主义理论体系的形成发展

☐ 邓小平理论

☐ “三个代表”重要思想

☐ 科学发展观

7. 你期待的“毛泽东思想和中国特色社会主义理论体系概论”课的知识学习方式是？（可多选）

□ 理论讲授，说理性强，学生识记背诵

□ 理论讲授与案例、故事、历史相结合，增强趣味性

□ 理论讲授与实践学习相结合，增加社会实践调研等

□ 理论讲授与师生研讨分析现实问题、学生自身问题相结合，理论联系实际

8. 你期待中的与任课老师的关系是什么样的？

□ 课堂上，只想听，不想参与互动；课下，不期望与老师有互动

□ 课堂上，不仅听，还想与老师互动；课下，不期望与老师有互动

□ 课堂上，不仅听，还想与老师互动；课下，也期望与老师有互动

□ 课堂上，只想听，不想参与互动；课下，期望与老师有互动

9. 你希望在“毛泽东思想和中国特色社会主义理论体系概论”课中补充哪些内容？（可多选）

□ 对社会热点问题的探讨

□ 与所学专业相关或贴近生活的案例分析

□ 经典文献和参考书目等其他学习资料

□ 职业生涯规划指导

□ 理想信念与人生观教育

10. 你最喜欢的“毛泽东思想和中国特色社会主义理论体系概论”课实践教学方式是什么？

□ 微视频、美术作品、歌曲、小品等形式

□ 围绕实践教学主题开展社会调研，撰写调研报告

□ 阅读马克思主义经典文献，撰写读书报告，开展比赛

□ 其他

11. 你觉得“毛泽东思想和中国特色社会主义理论体系概论”这门课对大学生有哪些帮助和影响？（可多选）

□ 能更好地指导我们的学习和生活

□ 能提高我们的认知水平

□ 能帮助我们更好地了解党和国家的历史现状

□ 没有什么帮助和影响

12. 谈谈你对这门课的建议（如对授课教师、教学方式的要求）。

扫码学习

拓展阅读

五、巩固训练

（一）单项选择题

1. （　　）给中国送来了马克思列宁主义，给苦苦探寻救亡图存出路的中国人民指明了前进方向、提供了全新选择。

A. 鸦片战争　B. 新文化运动　C. 五四运动　D. 十月革命

2. 1938 年，毛泽东在党的六届六中全会上作了（　　）的报告，强调使马克思主义在中国具体化。这标志着“马克思主义中国化”这一命题的正式提出。

A. 《论新阶段》　B. 《〈共产党人〉发刊词》

C. 《中国革命和中国共产党》　D. 《新民主主义论》

3. 毛泽东提出要实现马克思主义的中国化，源于（　　）。

A. 对马克思主义的深刻理解

B. 对中国国情的准确把握

C. 对中国革命进程中正反两个方面的实践经验的科学总结

D. 对当时时代主题的清晰判断

4. 党的十八大以来，以习近平同志为核心的党中央明确提出要不断推进（　　）。

A. 社会主义现代化　B. 马克思主义中国化时代化

C. “两个结合”　D. 社会主义现代化强国

5. （　　）明确把“不断谱写马克思主义中国化时代化新篇章”作为当代中国共产党人的庄严历史责任，并提出了继续推进马克思主义中国化时代化的新要求。

A. 党的十七大　B. 党的十八大　C. 党的十九大　D. 党的二十大

6. （　　）是马克思主义中国化时代化的第一次历史性飞跃。

A. 毛泽东思想　B. 邓小平理论

C. “三个代表”重要思想　D. 科学发展观

7. 马克思主义中国化时代化的理论成果是一脉相承又（　　）的关系。

A. 实事求是　B. 与时俱进　C. 独立自主　D. 精益求精

8. 马克思主义中国化时代化的最新理论成果是（　　）。

A. 毛泽东思想

B. 科学发展观

C. 习近平新时代中国特色社会主义思想

D. 邓小平理论

9.（　　）的召开，实现了中华人民共和国成立以来党的历史上具有深远意义的伟大转折，开启了改革开放和社会主义现代化建设历史新时期。

A. 中共十一届三中全会　　B. 中共十二大

C. 中共十三大　　D. 中共十一届六中全会

10. 中国特色社会主义理论体系不包括（　　）。

A. 邓小平理论

B. 科学发展观

C. 习近平新时代中国特色社会主义思想

D. 毛泽东思想

11. 中国共产党一经诞生，就把为中国人民谋幸福、为中华民族谋复兴确立为自己的初心使命。一百年来，中国共产党团结带领中国人民进行的一切奋斗、一切牺牲、一切创造，归结起来就是一个主题，即（　　）。

A. 实现共同富裕　　B. 实现全面建成小康社会

C. 实现社会主义现代化　　D. 实现中华民族伟大复兴

12. 历史和现实反复证明，马克思主义只有（　　）才能在中国大地上闪耀真理光芒。

A. 世界化　　B. 中国化　　C. 区域化　　D. 大众化

13.（　　）年，十三届全国人大一次会议通过的宪法修正案把马克思列宁主义、毛泽东思想、邓小平理论、“三个代表”重要思想、科学发展观、习近平新时代中国特色社会主义思想共同确立为国家指导思想。

A. 2018　　B. 2017　　C. 2016　　D. 2012

14. 1945 年党的（　　）将毛泽东思想写入党章，确立为党必须长期坚持的指导思想。

A. 五大　　B. 六大　　C. 七大　　D. 八大

15. 党的十七大提出了“中国特色社会主义理论体系”的科学概念，把改革开放以来我们党在实践中相继形成的邓小平理论、“三个代表”重要思想及科学发展观等重大战略思想一道作为中国特色社会主义理论体系的重要组成部分，这标志着（　　）。

A. 中国特色社会主义理论主题的形成

B. 中国特色社会主义理论轮廓的形成

C. 中国特色社会主义理论和实践的进一步成熟

D. 中国特色社会主义谱写了新时代的新篇章

（二）多项选择题

1. 准确把握马克思主义中国化时代化的科学内涵，要做到________与________相统一。（　　）

A. 坚持马克思主义　　B. 发展马克思主义

C. 社会主义　　D. 中国特色社会主义

2. 推进马克思主义中国化时代化，是（　　）。

A. 马克思主义唯物史观的要求

B. 马克思主义理论本身发展的内在要求

C. 解决中国实际问题的客观需要

D. 社会主义经济社会发展的需要

3. 坚持和发展马克思主义，必须做到“两个结合”，即（　　）。

A. 同中国具体实际相结合　　B. 同中华优秀传统文化相结合

C. 同社会主义现代化发展相结合　　D. 同中华民族伟大复兴相结合

4. 要坚持解放思想、实事求是、与时俱进、求真务实，一切从实际出发，着眼解决革命、建设、改革中的实际问题，不断回答（　　），作出符合中国实际和时代要求的正确回答，得出符合客观规律的科学认识，形成与时俱进的理论成果，更好指导中国实践。

A. 中国之问　　B. 世界之问　　C. 人民之问　　D. 时代之问

5. 实践证明，中国共产党为什么能，中国特色社会主义为什么好，归根到底是（　　）。

A. 马克思主义经典作家行　　B. 科学社会主义行

C. 马克思主义行　　D. 中国化时代化的马克思主义行

6. 中国共产党一经诞生，就把（　　）确立为自己的初心使命。

A. 为中国人民谋复兴　　B. 为中国人民谋幸福

C. 为中华民族谋幸福　　D. 为中华民族谋复兴

7. 马克思主义中国化就是坚持把马克思主义基本原理同（　　）相结合，运用马克思主义的立场、观点、方法研究和解决中国革命、建设、改革中的实际问题。

A. 中国具体实际　　B. 中华优秀传统文化

C. 世界文明成果　　D. 各国具体实际

E. 各国民族传统

8. 习近平新时代中国特色社会主义思想，是对（　　）的继承和发展，是马克思主义中国化最新成果。

A. 马克思列宁主义　　B. 毛泽东思想

C. 邓小平理论　　D. “三个代表”重要思想

E. 科学发展观

9. 马克思主义中国化时代化的理论成果都（　　）。

A. 是马克思列宁主义在中国的运用和发展

B. 以独创性的理论成果丰富和发展了马克思主义的理论宝库

C. 是全国各族人民团结奋斗的共同思想基础

D. 是党和国家必须长期坚持的指导思想

10. 坚持和发展马克思主义，必须坚定历史自信、文化自信，坚持古为今用、推陈出新，（　　）。

A. 把马克思主义思想精髓同中华优秀传统文化精华贯通起来

B. 把马克思主义思想精髓同人民群众日用而不觉的共同价值观念融通起来

C. 不断赋予科学理论鲜明的中国特色

D. 不断夯实马克思主义中国化时代化的历史基础和群众基础

（三）判断题

1. 毛泽东思想是中国特色社会主义理论体系的开篇之作。(　　)

2. 一百年来，中国共产党团结带领中国人民进行的一切奋斗、一切牺牲、一切创造，归结起来就是一个主题：实现中华民族伟大复兴。(　　)

3. 1938 年李大钊在党的六届六中全会上作题为《论新阶段》的政治报告，最先提出了“马克思主义中国化”这个命题。(　　)

4. 党的六届六中全会之后，中国共产党才把马克思列宁主义确立为指导思想。(　　)

5. 对待马克思主义，应该都用马克思主义经典作家的语录来说话。(　　)

6. 坚持和发展马克思主义，必须同中国具体实际相结合，同中华优秀传统文化相结合。(　　)

7. 马克思主义深刻改变了中国，中国也极大丰富了马克思主义。(　　)

8. 马克思主义是科学真理，它提供了一切问题的对的答案。(　　)

9. 党的十八大提出了“中国特色社会主义理论体系”的科学概念，把邓小平理论、“三个代表”重要思想及科学发展观等重大战略思想一道作为中国特色社会主义理论体系的重要组成部分，标志着中国特色社会主义理论和实践的进一步成熟。(　　)

10. 推进马克思主义中国化时代化，是解决中国理论问题的客观需要。(　　)

（四）简答题

1. 简述马克思主义中国化时代化的科学内涵。

2. 简述马克思主义中国化时代化的历史进程。

第一章　毛泽东思想及其历史地位

一、逻辑脉络

- 毛泽东思想及其历史地位
  - 毛泽东思想的形成和发展
    - 毛泽东思想形成发展的历史条件
      - 时代背景：战争与革命成为时代主题
      - 实践基础：中国共产党领导人民进行革命和建设的成功实践
    - 毛泽东思想形成发展的过程
      - 毛泽东思想的形成
      - 毛泽东思想的成熟
      - 毛泽东思想的继续发展
  - 毛泽东思想的主要内容和活的灵魂
    - 毛泽东思想的主要内容
      - 新民主主义革命理论
      - 社会主义革命和社会主义建设理论
      - 革命军队建设和军事战略的理论
      - 政策和策略的理论
      - 思想政治工作和文化工作的理论
      - 党的建设理论
    - 毛泽东思想活的灵魂
      - 实事求是
      - 群众路线
      - 独立自主
  - 毛泽东思想的历史地位
    - 马克思主义中国化时代化的第一个重大理论成果
    - 中国革命和建设的科学指南
    - 中国共产党和中国人民宝贵的精神财富

二、经典导入

《关于建国以来党的若干历史问题的决议》导读

1981年中国共产党十一届六中全会通过的文件《关于建国以来党的若干历史问题的决议》（以下简称《决议》）是中国共产党历史上具有深远意义和重大影响的重要文件。《决议》共分八个部分。阐述的基本内容是：第一，对建国三十二年来中国共产党的历史进行了科学的分析和正确的总结，实事求是地评价了建国以来的重大历史事件，分清了功过是非。第二，实事求是地评价了毛泽东在中国革命中的历史地位，科学地论述了毛泽东思想的基本内容和其作为党的指导思想的伟大意义。第三，肯定了中共十一届三中全会以来逐步确立的适合中国国情的建设社会主义现代化国家的正确道路，进一步指明了中国社会主义事业和党的工作继续前进的方向。

《决议》对建国以来党的重大历史问题特别是“文化大革命”、毛泽东的历史地位和功过是非，以及毛泽东思想的基本内容和指导意义作了总结和评价。《决议》科学概括了毛泽东思想六个方面的主要内容，即新民主主义革命、社会主义革命和社会主义建设、革命军队建设和军事战略、政策和策略、思想政治工作和文化工作、党的建设，鲜明地提出了贯穿于以上各个组成部分的毛泽东思想的活的灵魂即实事求是、群众路线、独立自主。

《反对本本主义》导读

这是毛泽东思想发展史上的重要著作，是毛泽东为反对当时红军中的教条主义思想于1930年5月所写，原篇名为《调查工作》。后来该文遗失。20世纪60年代初期该文被重新发现后，毛泽东作了部分文字的修订和内容上的补充，将题目改为《反对本本主义》。1964年，该文被收入人民出版社出版的《毛泽东著作选读》甲种本；1991年被收入《毛泽东选集》第二版第一卷；2011年被收入中央文献出版社出版的《建党以来重要文献选编》第七册。

该文共分七部分：没有调查，没有发言权；调查就是解决问题；反对本本主义；离开实际调查就要产生唯心的阶级估量和唯心的工作指导，那末，它的结果，不是机会主义，便是盲动主义；社会经济调查，是为了得到正确的阶级估量，接着定出正确的斗争策略；中国革命斗争的胜利要靠中国同志了解中国情况；调查的技术。文章论述了“没有调查，没有发言权”的道理，指出“调查就像‘十月怀胎’，解决问题就像‘一朝分娩’。调查就是解决问题”。文章认为，要纠正“以为上了书的就是对的”这种本本主义，只有向实际情况作调查；进一步指出，以前调查存在的一个极大的缺点，是偏于农村而不注意城市。文章还指明了如何正确对待马克思主义“本本”的问题，指出“马克思主义的‘本本’是要学习的，但是必须同我国的实际情况相结合。我们需要‘本本’，但是一定要纠正脱离实际情况的本本主义”，号召“到群众中作实际调查去”。文章最后对如何作好调查，提出了七点具体办法。

《反对本本主义》这篇文章的重要性，不仅在于其包含了毛泽东思想活的灵魂的三个基本方面——实事求是、群众路线、独立自主的雏形，提出了党的“思想路线”问题，而且在于阐述了我们必须长期坚持的世界观和方法论原则问题。刘少奇同志曾经这样说过，《反对本本主义》这篇文章，“提得非常尖锐：调查研究是世界观，又是方法论，是彻底的唯物主义者、共产主义者必须坚持的”。

三、理论答疑

为什么在新形势下我们要坚持和运用好毛泽东思想活的灵魂？

2013 年 12 月，习近平总书记在纪念毛泽东同志诞辰 120 周年座谈会上的讲话中强调指出：“新形势下，我们要坚持和运用好毛泽东思想活的灵魂。”

如何准确把握毛泽东思想活的灵魂？应从三个基本方面理解，即实事求是、群众路线、独立自主。实事求是，就是一切从实际出发，理论联系实际，坚持在实践中检验真理和发展真理。群众路线，就是一切为了群众，一切依靠群众，从群众中来，到群众中去，把党的正确主张变为群众的自觉行动。独立自主，就是坚持独立思考，走自己的路，就是坚定不移地维护民族独立、捍卫国家主权，把立足点放在依靠自己力量的基础上，同时积极争取外援，开展国际经济文化交流，学习外国一切对我国发展有益的先进事物。

（一）实事求是

实事求是是认识新时代的指导思想和基本方法，彰显出习近平新时代中国特色社会主义思想的理论魅力和21世纪马克思主义中国化的基本特征。实事求是是马克思主义的根本观点，是毛泽东思想的基本点，是毛泽东思想的精髓，也是中国共产党人认识世界、改造世界的根本要求，是我们党的基本思想方法、工作方法、领导方法。不论过去、现在和将来，我们都要坚持一切从实际出发，理论联系实际，在实践中检验真理和发展真理。坚持实事求是，就是从客观事物存在和发展的规律出发，在实践中按照客观规律办事；就是要清醒认识和正确把握我国基本国情，为了人民利益坚持真理、修正错误，使我们的思想和行动更加符合客观规律、符合时代要求、符合人民愿望；就是不断推进实践基础上的理论创新，总结党领导人民创造的新鲜经验，不断开辟马克思主义中国化时代化新境界，让当代中国马克思主义放射出更加灿烂的真理光芒。

（二）群众路线

群众路线上升到全面从严治党和全面依法治国的战略高度，彰显出新时代中国共产党的人民情怀和实现中华民族伟大复兴的力量源泉。群众路线是中国共产党的生命线和根本工作路线，是中国共产党永葆青春活力和战斗力的重要传家宝。不论过去、现在和将来，我们都要坚持一切为了群众，一切依靠群众，从群众中来，到群众中去，把党的正确主张变为群众的自觉行动，把群众路线贯彻到治国理政的全部活动之中。

首先，坚持群众路线，就要坚持人民是推动历史发展的根本力量。坚持人民主体地位，充分调动人民积极性，始终是中国共产党立于不败之地的强大根基。坚持群众路线才能使中国共产党的根基永远坚如磐石。其次，坚持群众路线，就是要坚持全心全意为人民服务的根本宗旨。全心全意为人民服务，是中国共产党一切行动的根本出发点和落脚点，是中国共产党区别于其他一切政党的根本标志。最后，坚持群众路线，就是要保持党同人民群众的血肉联系，使中国共产党永远赢得人民群众的信任和拥护。只要坚持党的群众路线，牢记江山就是人民、人民就是江山，坚持为人民执政、靠人民执政，坚持发展为了人民、发展依靠人民、发展成果由人民共享，坚定不移地走全体人民共同富裕的道路，我们党就一定能够领导人民夺取中国特色社会主义新的更大的胜利。

（三）独立自主

独立自主是中华民族的优良传统，是新时代中国共产党和中华人民共和国立党立国的重要原则，彰显出中国特色大国内政外交的主线和对人类发展的贡献。独立自主、自力更生是我们党从中国实际出发，依靠党和人民力量进行革命、建设、改革的必然结论。不论过去、现在和将来，我们都要把国家和民族的发展放在自己力量的基点上，坚持民族自尊心和自信心，坚定不移地走自己的路。

坚持独立自主，就要坚持中国的事情必须由中国人民自己做主、自己来处理；坚持独立自主的和平外交政策，坚定不移地走和平发展道路。我们党在领导革命、建设、改革的长期实践中，历来坚持独立自主开拓前进道路。这种独立自主的探索和实践精神，这种坚持走自己的路的坚定信心和决心，是我们党全部理论和实践的立足点，也是党和人民事业不断走向胜利的根本保证。

四、实践课堂

红色经典诗词诵读比赛

（一）实践目标

1. 深刻认识毛泽东成为全党拥护、人民爱戴的开国领袖，是在长期革命实践斗争中形成的，是历史的选择、人民的选择。

2. 传承革命精神，获得红色文化滋养，营造浓厚的校园红色文化氛围。

（二）实践方案

第一步 【青年读】课前阅读

查找如下四个文献，并认真阅读：

1. 《毛泽东选集》（第 1 卷），毛泽东著，人民出版社 1991 年版。

2.《在纪念毛泽东同志诞辰130周年座谈会上的讲话》，习近平著，人民出版社2023年版。

3.《毛泽东传》，逄先知、金冲及编著，中央文献出版社2013年版。

4.《读·党史（第12辑）：实事求是》，中共党史出版社编，中共党史出版社2013年版。

第二步 【青年说】课上诵读比赛：诵读红色经典诗词，传承红色基因

1. 每班各小组成员为10~12人，自行选择一首红色经典诗词进行诵读，感悟其深刻内涵。

2. 活动展示分小组进行。每组选出一位优秀代表组成评委团进行评分。每小组按照抽签顺序，依次上台进行红色诗词朗诵。

第三步 【青年行】课后主题实践：参观校史馆，永远跟党走，奋进新征程

1. 分组自行参观南通师范高等专科学校红色师范纪念馆、校史馆和刘瑞龙纪念馆，从场馆中选取一个红色师范人物，确定宣讲内容。

2. 开展以“参观校史馆，永远跟党走，奋进新征程”为主题的红色师范故事线上宣讲活动。每组选取一位优秀代表讲述红色师范故事，录制3~5分钟的视频，上传到线上平台，通过沉浸式场景，传承革命精神，营造浓厚的校园红色文化氛围。

3. 填写课后实践感悟报告表（附件2）。

（三）实践评价

任课教师对各小组的实践活动进行点评，并根据考核评价标准给各小组打分。考核评分表见附件1。

附件 1：

红色经典诗词诵读比赛考核评分表

<table>
<tr><th>评分项目</th><th>评分标准描述</th><th>分值</th><th>教师评分</th><th>评价标准
（满分 100 分）</th><th>考核
等级</th></tr>
<tr><td>内容主题</td><td>1. 所选诗词紧扣主题
2. 所选诗词主题鲜明
3. 所选诗词具有思想价值和现实意义</td><td>20 分</td><td></td><td rowspan="5">优：≥90 分
良：75~89 分
中：60~74 分
差：≤59 分</td><td rowspan="5"></td></tr>
<tr><td>精神面貌</td><td>1. 精神饱满，富有朝气
2. 动作到位，表情自然</td><td>20 分</td><td></td></tr>
<tr><td>表现效果</td><td>1. 口齿清晰，朗诵流畅
2. 感情投入，感染力强</td><td>30 分</td><td></td></tr>
<tr><td>服装伴奏</td><td>1. 服装统一、美观
2. 伴奏清楚、音质好</td><td>15 分</td><td></td></tr>
<tr><td>团队合作</td><td>1. 全员参与
2. 分工合理
3. 配合默契度高</td><td>15 分</td><td></td></tr>
<tr><td colspan="6">教师点评：

教师签名：
年　月　日</td></tr>
</table>

附件 2：

“参观校史馆，永远跟党走，奋进新征程”感悟报告表

学　　院：________________　　专业班级：________________

小组名称：________________　　小组成员：________________

红色故事标题：
红色故事内容：
参观感悟：
教师点评：
教师评分：

扫码学习

拓展阅读

五、巩固训练

（一）单项选择题

1. 毛泽东思想形成和发展的时代背景是（　　）。

A. 中国沦为半殖民地半封建社会　　B. 战争与革命成为时代主题

C. 第一次世界大战的爆发　　D. 中国工人阶级的成长壮大

2. 1917年（　　）的胜利开辟了世界无产阶级社会主义革命的新时代，也给中国送来了马克思列宁主义。

A. 俄国十月革命　　B. 五四运动

C. 中国共产党建立　　D. 中华人民共和国建立

3. 毛泽东思想形成和发展的实践基础是（　　）。

A. 中国共产党领导人民进行革命和建设的成功实践

B. 中国共产党领导的工人运动

C. 中国共产党领导的农民运动

D. 中国共产党领导的学生运动

4. 中国共产党提出新民主主义革命的基本思想是在（　　）。

A. 国民革命时期　　B. 土地革命战争时期

C. 抗日战争时期　　D. 解放战争时期

5. 以毛泽东为代表的中国共产党人初步开辟了农村包围城市、武装夺取政权的革命道路是在（　　）。

A. 国民革命时期　　B. 土地革命战争时期

C. 抗日战争时期　　D. 解放战争时期

6. 毛泽东思想得到系统总结和多方面展开而趋于成熟是在（　　）。

A. 国民革命时期　　B. 土地革命战争时期

C. 抗日战争时期　　D. 解放战争时期

7. （　　）把毛泽东思想确立为党必须长期坚持的指导思想并写入党章。

A. 遵义会议　　B. 党的六届六中全会

C. 党的七大　　D. 党的七届二中全会

8. 中国的武装斗争是无产阶级领导下的以（　　）为主体的革命战争。

A. 工人　　B. 农民

C. 城市小资产阶级　　D. 知识分子

9. （　　）指出："全党已经空前一致地认识了毛泽东同志的路线的正确性，空前自觉地团结在毛泽东的旗帜下了。"

A.《九月来信》

B.《关于建国以来党的若干历史问题的决议》

C.《中国共产党章程》

D.《论人民民主专政》

10. 经济工作和其他一切工作的生命线是（　　）。

A. 思想政治工作　　B. 组织建设工作

C. 作风建设工作　　D. 军队建设工作

11. 中国共产党历史上，第一次使用"毛泽东思想的活的灵魂"的表述是在（　　）。

A.《反对本本主义》

B.《论联合政府》

C.《关于修改党章的报告》

D.《关于建国以来党的若干历史问题的决议》

12. （　　）开始形成以毛泽东同志为核心的党的第一代中央领导集体。

A. 遵义会议　　B. 第一次政治协商会议

C. 中共七大　　D. 中华人民共和国成立

13. 毛泽东思想的精髓是（　　）。

A. 实事求是　　B. 群众路线　　C. 独立自主　　D. 艰苦奋斗

14. 中国共产党的根本工作路线是（　　）。

A. 实事求是　　B. 群众路线　　C. 独立自主　　D. 自力更生

15. （　　）创造性地将支部建在连上，成立各级士兵委员会，实行民主制度，在政治上官兵平等。

A. 南昌起义　　B. 秋收起义　　C. 三湾改编　　D. 古田会议

16. “人民，只有人民，才是创造世界历史的动力。”这句话表达的是毛泽东思想活的灵魂中的（　　）方面。

A. 统一战线　　B. 实事求是　　C. 群众路线　　D. 独立自主

17. 毛泽东在《反对本本主义》一文中就指出：“中国革命斗争的胜利要靠中国同志了解中国情况。”这句话的意思是（　　）。

A. 加强学习马克思主义理论　　B. 保持与共产国际的联系

C. 坚持独立自主原则　　D. 必须走群众路线

18. 马克思主义中国化时代化第一次历史性飞跃的理论成果是（　　）。

A. 毛泽东思想

B. 邓小平理论

C. 科学发展观

D. 习近平新时代中国特色社会主义思想

19. 黄炎培说：“我生六十多年，耳闻的不说，所亲眼看到的，真所谓‘其兴也勃焉，其亡也忽焉’。一人，一家，一团体，一地方，乃至一国，不少单位都没有能跳出这周期率的支配力。”毛泽东说：“我们已经找到新路，我们能跳出这周期率。这条新路，就是（　　）。”

A. 革命　　B. 民主　　C. 统一战线　　D. 党的领导

20. 下列著作中，已经包含了毛泽东思想的活的灵魂的实事求是、群众路线、独立自主三个方面的基本因子的著作是（　　）。

A.《星星之火，可以燎原》　　B.《反对本本主义》

C.《矛盾论》《实践论》　　D.《新民主主义论》

（二）多项选择题

1. 毛泽东思想的科学内涵是（　　）。

A. 马克思列宁主义在中国的运用和发展

B. 中国共产党集体智慧的结晶

C. 被实践证明了的关于中国革命和建设的正确的理论原则和经验总结

D. 毛泽东的思想

2. 第一次国内革命战争时期，毛泽东提出的新民主主义革命基本思想主要体现在（　　）中。

A.《星星之火，可以燎原》　　B.《中国社会各阶级的分析》

C.《反对本本主义》　　D.《湖南农民运动考察报告》

3. 标志着毛泽东思想初步形成的重要著作主要有（　　）。

A.《中国的红色政权为什么能够存在?》

B.《井冈山的斗争》

C.《星星之火，可以燎原》

D.《反对本本主义》

4. 体现毛泽东思想得到多方面展开而趋于成熟的著作主要有（　　）。

A.《新民主主义论》

B.《矛盾论》《实践论》

C.《中国革命和中国共产党》《论联合政府》

D.《〈共产党人〉发刊词》

5. 毛泽东思想继续得到发展是在（　　）。

A. 国民革命时期　　B. 土地革命时期

C. 解放战争时期　　D. 中华人民共和国成立后

6. 毛泽东思想成熟的突出表现是（　　）。

A. 科学阐述了新民主主义革命的对象、动力、领导力量、性质和前途等

基本问题

B. 提出了新民主主义革命的总路线

C. 制定了相应的经济、政治、文化纲领

D. 指明了新民主主义革命的具体目标

7. 下列各项中，体现毛泽东思想在解放战争时期和中华人民共和国成立以后继续得到发展的有（　　）。

A. 提出了人民民主专政理论

B. 提出了社会主义改造理论

C. 提出了关于两类矛盾的学说，特别是正确处理人民内部矛盾的理论

D. 提出了把马克思列宁主义的基本原理同中国革命和建设的具体实际进行“第二次结合”

8. 毛泽东思想有多方面的内容，除了新民主主义革命理论外，还包括（　　）。

A. 社会主义革命和社会主义建设的理论

B. 革命军队建设和军事战略的理论

C. 思想政治工作和文化工作的理论

D. 政策和策略以及党的建设的理论

9. 新民主主义革命时期，毛泽东认为，中国资产阶级包括（　　）。

A. 大资产阶级（或买办资产阶级）　　B. 城市小资产阶级

C. 民族资产阶级　　D. 知识分子

10. 无产阶级及其政党要实现自己对同盟者的领导，必须具备的条件是（　　）。

A. 率领被领导者向着共同的敌人作坚决斗争并取得胜利

B. 对同盟者采取“有理、有利、有节”的策略原则

C. 坚持独立自主的原则，对同盟者实行又联合又斗争的政策

D. 对被领导者给以物质利益，至少不损害其利益，同时给以政治教育

11. 毛泽东思想的活的灵魂是（　　）。

A. 实事求是　　B. 群众路线　　C. 独立自主　　D. 与时俱进

12. 毛泽东思想的活的灵魂之一实事求是的基本要求是（　　）。

A. 理论联系实际

B. 调查研究

C. 坚持在实践中检验真理和发展真理

D. 一切从实际出发

13. 毛泽东思想的历史地位主要表现为（　　）。

A. 是马克思主义中国化时代化的第一个重大理论成果

B. 是中国革命和建设的科学指南

C. 是中国共产党和中国人民宝贵的精神财富

D. 是新时期全党全国各族人民团结奋斗的共同思想基础

14. 毛泽东思想在（　　）。

A. 国民革命时期形成

B. 土地革命战争时期形成

C. 抗日战争时期走向成熟

D. 在解放战争时期和中华人民共和国成立后继续发展

15. 毛泽东思想所确立的马克思主义中国化时代化的（　　），指导着我们党不断推进马克思主义中国化时代化，不断开辟马克思主义中国化时代化新境界。

A. 前进方向　　B. 基本原则　　C. 基本方法　　D. 主要内容

（三）判断题

1. 毛泽东思想是在我国新民主主义革命时期形成的。（　　）

2. 毛泽东对新民主主义革命理论的系统阐述，标志着毛泽东思想的初步形成。（　　）

3. 毛泽东思想是马克思列宁主义基本原理和中国革命具体实际相结合的产物，是中国共产党人集体智慧的结晶。（　　）

4. 毛泽东思想在抗日战争时期走向成熟。（　　）

5. 中国共产党把毛泽东思想确立为党的指导思想并写进党章的会议是中共五大。（　　）

6. 毛泽东思想是中国共产党集体智慧的结晶。（　　）

7. 毛泽东思想只适用于革命战争年代，对当代中国没有指导意义。(　　)

8. 毛泽东思想是被实践证明了的关于中国革命和建设的正确的理论原则和经验总结。(　　)

9. 毛泽东思想是中国化的马克思主义。(　　)

10. 毛泽东思想对世界其他国家的革命和建设没有借鉴意义。(　　)

11. 毛泽东思想是在同教条主义等错误倾向的斗争中逐步形成和发展起来的。(　　)

12. 毛泽东思想是关于中国社会主义建设的全部理论和实践。(　　)

13. 毛泽东思想是一成不变的理论体系。(　　)

14. 毛泽东思想是中国共产党第一代领导集体创立的。(　　)

15. 毛泽东思想对马克思列宁主义的发展没有贡献。(　　)

16. 毛泽东思想的活的灵魂是实事求是、群众路线、独立自主。(　　)

17. 毛泽东思想在新中国成立后就不再发展了。(　　)

18. 毛泽东思想是马克思主义中国化第一次历史性飞跃的理论成果。(　　)

19. 毛泽东思想是中国特色社会主义理论体系的重要组成部分。(　　)

20. 毛泽东思想不包括关于党的建设的理论。(　　)

（四）简答题

1. 请阐述毛泽东思想形成的时代背景和实践基础，并分析其对中国革命和建设的重要意义。

2. 结合具体事例，论述毛泽东思想的历史地位，并说明毛泽东思想在当今时代仍然具有重要的指导价值的原因。

第二章　新民主主义革命理论

一、逻辑脉络

- 新民主主义革命理论
  - 新民主主义革命理论形成的依据
    - 近代中国国情和中国革命的时代特征
      - 近代中国国情
      - 近代中国革命的时代特征
    - 新民主主义革命理论的实践基础
      - 旧民主主义革命的失败呼唤新的革命理论
      - 新民主主义革命的艰辛探索奠定了革命理论形成的实践基础
  - 新民主主义革命的总路线和基本纲领
    - 新民主主义革命的总路线
      - 新民主主义革命的对象
      - 新民主主义革命的动力
      - 新民主主义革命的领导力量
      - 新民主主义革命的性质和前途
    - 新民主主义的基本纲领
      - 新民主主义的政治纲领
      - 新民主主义的经济纲领
      - 新民主主义的文化纲领
  - 新民主主义革命的道路和基本经验
    - 新民主主义革命的道路
      - 新民主主义革命道路的提出
      - 新民主主义革命道路形成的必然性
      - 新民主主义革命道路的内容及意义
    - 新民主主义革命的三大法宝
      - 统一战线
      - 武装斗争
      - 党的建设
    - 新民主主义革命理论的意义

二、经典导入

《中国社会各阶级的分析》导读

1925 年 12 月 1 日，毛泽东在国民革命军第二军司令部编印出版的《革命》半月刊第四期，发表了著名的《中国社会各阶级的分析》一文。这篇文章系统回答了一个过去没有能够解决的问题：辨明中国革命的敌人和朋友。在这篇文章中，毛泽东一针见血地指出“谁是我们的敌人？谁是我们的朋友？这个问题是革命的首要问题”这一著名论断。

这篇文章是《毛泽东选集》的开篇之作。在这篇文章中，毛泽东运用马克思主义的阶级分析方法，将中国社会各阶级分为五大部分：地主阶级和买办阶级、中产阶级、小资产阶级、半无产阶级、无产阶级。毛泽东在文章中分析了中国社会各阶级的经济地位和政治态度，他指出：“一切勾结帝国主义的军阀、官僚、买办阶级、大地主阶级以及附属于他们的一部分反动知识界，是我们的敌人。工业无产阶级是我们革命的领导力量。一切半无产阶级、小资产阶级，是我们最接近的朋友。那动摇不定的中产阶级，其右翼可能是我们的敌人，其左翼可能是我们的朋友——但我们要时常提防他们，不要让他们扰乱了我们的阵线。”这一概括深刻、全面、精到，通过对各阶级的革命态度及形成原因的透彻分析，毛泽东初步阐明了中国新民主主义革命的基本思想：无产阶级团结占全国人口绝大多数的一切半无产阶级（主要是贫苦农民）、小资产阶级（主要是中农），争取中产阶级（主要是民族资产阶级）的左翼，以打倒帝国主义、军阀、官僚、大地主阶级、买办阶级，建立各革命阶级的联合统治，反对在中国建立民族资产阶级一阶级统治的国家，争取非资本主义的前途。这就初步阐明了中国新民主主义革命的对象、动力、领导权、性质和前途等一系列重大理论问题，是在当时中国社会历史环境下阶级分析论的典范，为党领导中国新民主主义革命的实践提供了理论指导，为革命如何寻找力量、如何取得同盟军指明了路径，是中国新民主主义革命思想发端的重要标志。

《〈共产党人〉发刊词》导读

1939 年 10 月 4 日，为推动全党更好适应国际国内形势变化带来的众多挑战，更好地解决党的建设中出现的一系列新问题，从思想上、政治上、组织上全面提高党的建设水平，党中央机关刊物《共产党人》正式创刊，毛泽东同志亲自为刊物写了发刊词，后该文被收入《毛泽东选集》第二卷。

毛泽东在《〈共产党人〉发刊词》中指出："十八年的经验，已使我们懂得：统一战线，武装斗争，党的建设，是中国共产党在中国革命中战胜敌人的三个法宝，三个主要的法宝。"他指出统一战线问题、武装斗争问题、党的建设问题是我们党在中国革命中的三个基本问题，并进一步论述了三者之间的关系，指出正确地理解了这三个问题及其相互关系，就等于正确地领导了全部中国革命。"三大法宝"思想的提出是马克思列宁主义基本原理同中国革命实际相结合的重要成果，为今后党的建设提供了重要遵循。今天，正确认识中国革命胜利的"三大法宝"仍具有重要的历史意义和现实意义。

毛泽东在文章中特别强调，党的建设是"三大法宝"的核心所在，进一步凸显了党的建设的极端重要性。他系统总结了建党以来党的建设的历史经验，创造性地阐述了党的建设的指导思想，强调党的建设是一项伟大的工程，第一次明确提出了建设一个"全国范围的、广大群众性的、思想上政治上组织上完全巩固的布尔塞维克化的中国共产党"的伟大任务，解答了建设一个什么样的党、怎样建设党的重大问题。毛泽东关于党的建设的重要思想，为把马克思主义建党学说提高到新境界做出了重要贡献，对我们党在新的历史时期加强自身建设具有重大意义。

三、理论答疑

新民主主义理论是如何科学回答中国向何处去这一问题的？

中国共产党一经成立，就自觉地承担起领导中国人民进行反帝反封建革命的历史重任。随着革命斗争的展开，许多重大的理论问题摆在中国共产党人面前，如怎样认识中国社会和中国革命的性质，中国革命应当通过何种方式进行，在革命中有哪些同盟军可以争取，怎样才能最终实现社会主义和共产主义的前途，等等。所有这些问题，都需要中国共产党人作出准确的回答，以推动革命运动向前发展。

在中国共产党内，毛泽东是把马克思列宁主义基本原理同中国革命具体实际相结合的成功典范。1925 年 12 月，他发表了《中国社会各阶级的分析》一文，明确提出工业无产阶级是我们革命的领导力量，一切半无产阶级、小资产阶级是我们最接近的朋友。他还提醒人们注意中国民族资产阶级对待中国革命的矛盾态度，认为其右翼可能是无产阶级的敌人，其左翼可能是无产阶级的朋友。大革命失败后，他在领导秋收起义的过程中，又率先深入农村，开创农村革命根据地，结合理论和实践，得出了中国革命可以而且应该走农村包围城市、武装夺取政权道路的结论。他还大声疾呼反对本本主义，强调中国革命的胜利要靠中国同志了解中国情况。

1935 年 10 月中央红军到达陕北后，毛泽东对中国革命特别是土地革命的经验教训进行了系统总结，写出《中国革命战争的战略问题》《实践论》《矛盾论》等理论文章，分析了第五次反“围剿”失败的原因，论证了马克思列宁主义基本原理同中国革命具体实际相结合的极端重要性。

1939 年年底至 1940 年年初，毛泽东在进一步总结大革命、土地革命和抗战爆发以来历史经验的基础上，接连发表了《〈共产党人〉发刊词》《中国革命和中国共产党》《新民主主义论》等文章，在中国第一次旗帜鲜明地提出了新民主主义的完整理论，并对它作了系统的说明。这在马克思主义中国化的历史进程中是一次历史性的飞跃，是一件前人没有做过的事情。它系统地回答了中国现阶段民主革命和未来建设新中国的一系列根本问题。这是毛泽东思想成熟的标志。

毛泽东在这个时候系统地提出并阐明新民主主义理论，不是偶然的。遵义会议之前，中国革命屡遭挫折，原因固然是多方面的，但其中一个重要的原因，就是不懂得国情不同，革命的性质、对象、依靠力量和方式诸多方面也必不相同，而常常机械地套用俄国十月革命的经验，教条地对待共产国际的指示。后来毛泽东在回顾中国共产党的历史时，这样讲道：“如果有人说，有哪一位同志，比如说中央的任何同志，比如说我自己，对于中国革命的规律，在一开始的时候就完全认识了，那是吹牛，你们切记不要信，没有那回事。过去，特别是开始时期，我们只是一股劲儿要革命，至于怎么革法，革些什么，哪些先革，哪些后革，哪些要到下一阶段才革，在一个相当长的时间内，都没有弄清楚，或者说没有完全弄清楚。”他还说：“在抗日战争前夜和抗日战争时期，我写了一些论文，例如《中国革命战争的战略问题》《论持久战》《新民主主义论》《〈共产党人〉发刊词》，替中央起草过一些关于政策、策略的文件，都是革命经验的总结。那些论文和文件，只有在那个时候才能产生，在以前不可能，因为没有经过大风大浪，没有两次胜利和两次失败的比较，还没有充分的经验，还不能充分认识中国革命的规律。”

到毛泽东发表这些文章的时候，情况就已经完全不同了。这时的中国共产党，已经有了大革命、土地革命和抗战爆发以来十多年失败和成功的丰富实践，已经成为一个政治上成熟的政党。我们党已经能将马克思列宁主义基本原理同中国革命具体实际纯熟地结合起来，能够系统地回答有关中国革命的重大理论问题。所以，新民主主义理论是对中国革命经验的科学总结。

毛泽东此时之所以将中国共产党人自己的理论成果命名为新民主主义理论，还有一个特殊的历史背景。全民族抗战爆发后，中国共产党从原来遭受反动派严密封锁的狭小天地里走出来，变成全国性的大党，公开走上全国政治生活的大舞台，受到人们越来越密切的关注。全国各阶级、各阶层都渴望了解中国共产党对时局和中国未来前途的看法。

全民族抗战爆发后，国共两党实现了第二次合作。中国共产党对于抗日民族统一战线是诚心维护的，但自抗战进入相持阶段后，随着中国共产党政治影响的扩大和八路军、新四军的壮大，国民党内的顽固派在军事上制造反共摩擦的同时，不断地鼓吹“一个主义”“一个政党”“一个领袖”。就这样，面对“中国向何处去”的问题，中国共产党必须对此系统地表明自己的立场和观点，在全国人民面前旗帜鲜明地提出区别于其他政党的政治主张。正是在这样的背景下，毛泽东写作并发表了上述文章，系统论述了新民主主义理论。

毛泽东揭示了中国半殖民地半封建社会的性质和主要特征，近代中国社会的主要矛盾和中国革命发生及发展的原因。在此基础上，他指出中国共产党领导的整个中国革命运动，是包括民主主义革命和社会主义革命两个阶段在内的全部革命运动。而1919年五四运动以后的中国民主革命，已经是无产阶级领导的人民大众的反帝反封建的新民主主义革命。

毛泽东阐明了中国共产党在新民主主义革命阶段的基本纲领，即在政治上，要建立“无产阶级领导下的一切反帝反封建的人们联合专政的民主共和国，这就是新民主主义的共和国”。在经济上，要没收操纵国计民生的大银行、大工业、大商业，建立国营经济；没收地主土地归农民所有，并引导农民发展合作经济；允许民族资本主义经济的发展和富农经济的存在。在文化上，要废除封建买办文化，发展民族的科学的大众的文化。

毛泽东指出，新民主主义革命的发展前途必然是社会主义。新民主主义革命和社会主义革命是两个不同的革命阶段，不能“毕其功于一役”，但两个革命阶段必须也必然是衔接的，不容横插一个资产阶级专政。

毛泽东总结中国共产党成立以来的历史经验，指出“统一战线和武装斗争，是战胜敌人的两个基本武器。而党的组织，则是掌握统一战线和武装斗争这两个武器以实行对敌冲锋陷阵的英勇战士”。统一战线、武装斗争、党的建设，这就是中国共产党在中国革命中战胜敌人的三个主要法宝。

新民主主义理论的提出，使全党对中国现阶段革命的性质、内容、领导权和发展前途有了一个明确而完整的认识。这一理论成为引导中国人民自觉地在复杂环境中不断前进的旗帜，对中国革命的胜利发展起了重大指导作用。

新民主主义理论是马克思列宁主义基本原理同中国革命具体实际相结合的产物。过去，党内常常将民主革命同社会主义革命的任务相混淆。这一理论的提出，既科学阐明民主革命同社会主义革命的严格区别和政策界限，又独创性地解决了这两个革命的相互衔接问题。

新民主主义理论的提出和系统阐明，是马克思主义中国化的重大理论成果，标志着毛泽东思想得到多方面展开而趋于成熟。这个理论从思想上武装了中国共产党人，使全党极大地增强了参加和领导抗日战争和新民主主义革命的自觉性。

四、实践课堂

“致敬革命英雄，传承革命精神”红色故事分享活动

（一）实践目标

1. 深刻认识新民主主义革命的艰苦卓绝，了解中国共产党人浴血奋战的艰苦历程，体悟中国革命的峥嵘岁月。

2. 领悟革命先辈坚不可摧的理想信念和大无畏的革命气概，坚定爱国信念，增强使命意识，传承和弘扬革命精神。

（二）实践方案

第一步　资料搜集

1. 每班分为6组，每组通过参观红色展馆、采访、网上查找等方式搜集一个南通地区的革命英雄故事，深刻感悟革命精神。

2. 将小组搜集的革命故事的相关文字、图片、视频等资料进行整理并制作成课件，进行不超过5分钟的课堂展示。

第二步　故事分享

活动展示分小组进行。每组选出一位优秀代表组成评委团进行评分，每小组按照抽签顺序，依次上台进行故事讲述。

（三）实践评价

考核采用其他小组评分（50%）和教师评分（50%）相结合的方式。考核评分表见附件。

附件：

“致敬革命英雄，传承革命精神”红色故事分享活动考核评分表

<table>
<tr><th>评分项目</th><th>评分标准描述</th><th>分值</th><th>教师评分（50%）</th><th>小组评分（50%）</th><th>评价标准</th><th>考核等级</th></tr>
<tr><td>内容主题</td><td>1. 故事内容完整、紧扣主题
2. 故事长度适宜，符合时长
3. 所选故事具有思想价值和现实意义</td><td>40 分</td><td></td><td></td><td rowspan="4">优：≥90 分
良：75～89 分
中：60～74 分
差：≤59 分</td><td rowspan="4"></td></tr>
<tr><td>课件制作</td><td>1. 图文并茂，精致美观
2. 页面简洁，条理清晰
3. 使用动画、特效等创新技巧
4. 资料丰富</td><td>30 分</td><td></td><td></td></tr>
<tr><td>表现效果</td><td>1. 声音洪亮，表情自然
2. 脱稿讲述，表述流畅
3. 感情投入，感染力强</td><td>15 分</td><td></td><td></td></tr>
<tr><td>团队合作</td><td>1. 全员参与
2. 分工合理
3. 配合默契度高</td><td>15 分</td><td></td><td></td></tr>
<tr><td colspan="7">教师点评：

教师签名：
年　月　日</td></tr>
</table>

扫码学习
拓展阅读

五、巩固训练

（一）单项选择题

1. 建设新型人民军队的根本原则是（　　）。

A. 全心全意为人民服务　　B. 坚持党对军队的绝对领导

C. 广泛的思想政治工作　　D. 官兵平等

2. 新民主主义革命总路线的核心是（　　）。

A. 无产阶级的领导　　B. 人民大众的参加

C. 反对帝国主义　　D. 反对封建主义

3. 在民主革命时期，中国民族资产阶级的两面性是（　　）。

A. 革命性与反动性　　B. 革命性与妥协性

C. 进步性与落后性　　D. 民主性与独裁性

4. 新旧民主主义革命的根本区别是（　　）。

A. 革命对象的不同　　B. 革命领导阶级的不同

C. 革命动力的不同　　D. 革命前途的不同

5. 新民主主义革命的政治目标是建立（　　）。

A. 无产阶级专政的民主共和国

B. 建立资产阶级专政的民主共和国

C. 建立无产阶级领导的各革命阶级联合专政的共和国

D. 建立工农联合专政的民主共和国

6. 中国新民主主义革命时期的统一战线中的基本的、主要的联盟是（　　）。

A. 工人阶级同城市小资产阶级的联盟

B. 以工农联盟为主体的工人阶级同农民、小资产阶级等其他劳动人民的联盟

C. 以工农联盟为主体的工人阶级同农民、小资产阶级和民族资产阶级的联盟

D. 工人阶级同可以合作的非劳动人民的联盟

7. 新民主主义革命的性质是（　　）。

A. 无产阶级革命

B. 农民阶级革命

C. 新式的特殊的资产阶级民主主义革命

D. 旧式资产阶级民主主义革命

8. （　　）是中国革命的中心问题，也是新民主主义革命理论的核心问题。

A. 无产阶级的领导权　　B. 农民阶级的主力军地位

C. 民族资产阶级的领导权　　D. 无产阶级同资产阶级的联盟

9. 党成立初期，首先把工作重心放在（　　）。

A. 郊区　　B. 国外　　C. 农村　　D. 城市

10. 中国革命的首要问题是（　　）。

A. 认清革命的性质　　B. 认清革命的发展前途

C. 认清革命的敌人和朋友　　D. 认清革命的发展阶段

11. 在不同历史阶段，随着社会主要矛盾的变化，中国革命的主要对象有所不同。在土地革命战争时期，革命的主要对象是（　　）。

A. 日本帝国主义　　B. 封建地主阶级

C. 帝国主义支持下的北洋军阀　　D. 国民党新军阀

12. 毛泽东在（　　）一文中，总结了中国革命两次胜利和两次失败的经验教训，揭示了中国革命发展的客观规律。

A.《中国革命和中国共产党》　　B.《在晋绥干部会议上的讲话》

C.《新民主主义论》　　D.《〈共产党人〉发刊词》

13. 在近代中国社会的诸多矛盾中，最主要的矛盾是（　　）。

A. 帝国主义与中华民族的矛盾　　B. 封建主义与人民大众的矛盾

C. 反动统治阶级内部的矛盾　　D. 资产阶级与无产阶级的矛盾

14. 中国新民主主义革命开端的标志是（　　）。

A. 新文化运动　　B. 五卅运动

C. 五四运动　　D. 国民革命运动

15. 近代中国社会的性质是（　　）。

A. 半殖民地半封建社会　　B. 资本主义社会

C. 封建主义社会　　D. 新民主主义社会

16. 中国革命的主力军是（　　）。

A. 工人阶级　　B. 农民阶级

C. 民族资产阶级　　D. 农民和小资产阶级

17. 毛泽东在（　　）中完整地表述了新民主主义总路线的内容。

A.《中国革命和中国共产党》　　B.《在晋绥干部会议上的讲话》

C.《新民主主义论》　　D.《论政策》

18. 秋收起义失败后，毛泽东创建了（　　）革命根据地，把武装斗争的主攻方向首先指向农村。

A. 井冈山　　B. 中央　　C. 湘鄂西　　D. 白色

19. 在中国革命的进程中，具有新民主主义革命和社会主义革命双重性质的事件是（　　）。

A. 没收封建地主阶级的土地归农民所有

B. 没收官僚资本归新民主主义国家所有

C. 没收帝国主义在华企业归新民主主义国家所有

D. 赎买民族工商业归人民民主专政国家所有

20. 关于民主革命和社会主义革命的关系，表述不正确的是（　　）。

A. 二者是中国革命进程必经的两个阶段

B. 民主革命是社会主义革命的必要准备，社会主义革命是民主革命的必然趋势

C. 二者可以同时进行，“毕其功于一役”

D. 二者体现了党的最低纲领和最高纲领的辩证统一

（二）多项选择题

1. 毛泽东指出，新民主主义革命的对象是（　　）。

A. 官僚资本主义　　B. 民族资本主义

C. 帝国主义　　D. 封建主义

2. 延安整风运动是一场非常伟大的思想解放运动。这一运动最主要的任务是反对主观主义。主观主义的主要表现形式为（　　）。

A. 教条主义　　B. 形式主义　　C. 经验主义　　D. 宗派主义

3. 新民主主义的文化是民族的科学的大众的文化。“民族的”是指（　　）。

A. 反对外来的资本主义文化

B. 反对帝国主义压迫，主张中华民族的尊严和独立

C. 在形式和内容上有中国作风和中国气派

D. 为全民族90%以上的工农大众服务

4. 近代中国社会的阶级结构是“两头小中间大”，“两头”是指（　　）。

A. 无产阶级　　B. 农民阶级

C. 地主大资产阶级　　D. 城市小资产阶级

5. 新民主主义革命的经济纲领是（　　）。

A. 没收封建地主阶级的土地归农民所有

B. 消灭资本主义

C. 没收官僚资产阶级的垄断资本归新民主主义国家所有

D. 保护民族工商业

6. 1928年到1930年间，毛泽东提出并阐述“农村包围城市、武装夺取政权”道路理论的主要著作有（　　）。

A.《中国的红色政权为什么能够存在》

B.《井冈山的斗争》

C.《星星之火，可以燎原》

D.《反对本本主义》

7. 阻碍近代中国社会发展的主要矛盾有（　　）。

A. 封建主义和人民大众的矛盾　　B. 帝国主义和中华民族的矛盾

C. 地主阶级和农民阶级的矛盾　　D. 资产阶级和无产阶级的矛盾

8. 中国革命走农村包围城市、武装夺取政权的道路，根本在于处理好（　　）三者之间的关系，在中国共产党的领导下，实现三者的密切结合和有机统一。

A. 土地革命　　B. 党的建设

C. 武装斗争　　D. 农村根据地建设

9. 新民主主义革命的动力包括（　　）。

A. 工人阶级　　B. 农民阶级

C. 城市小资产阶级　　D. 民族资产阶级

10. 中国革命必须走农村包围城市的道路，其主要依据是（　　）。

A. 中国是一个半殖民地半封建大国，经济政治发展不平衡

B. 农村人口占全国人口的绝大多数，农民是革命的主力军

C. 共产国际的指示

D. 敌强我弱的形势，广大农村是敌人统治的薄弱环节

11. 新民主主义革命时期无产阶级实现领导权的历史经验是（　　）。

A. 必须建立以工农联盟为基础的广泛的统一战线

B. 无产阶级在同资产阶级建立统一战线时，必须坚持独立自主的原则

C. 必须建立和发展人民的革命武装力量

D. 加强无产阶级政党的建设

12. 中国共产党在中国革命中战胜敌人的三个法宝是（　　）。

A. 统一战线　　B. 武装斗争　　C. 党的建设　　D. 土地革命

13. 党的三大优良作风是（　　）。

A. 理论联系实际　　B. 用实践检验真理

C. 密切联系群众　　D. 批评与自我批评

14. 下列各项中，对中国的民族资产阶级认识正确的是（　　）。

A. 是中国革命的动力之一

B. 具有一定的反帝反封建的革命性

C. 反帝反封建的勇气不彻底，具有妥协性和动摇性

D. 无产阶级对民族资产阶级要实行既团结又斗争的政策

15. 土地革命战争时期，毛泽东指出：“一国之内，在四围白色政权的包围中，有一小块或若干小块红色政权的区域长期地存在，这是世界各国从来没有的事。这种奇事的发生，有其独特的原因。”这些原因是（　　）。

A. 中国是多个帝国主义国家间接统治的经济政治发展极端不平衡的半殖民地半封建大国

B. 民主革命有良好的群众基础

C. 全国革命形势的继续发展和相当力量的正式红军的存在

D. 党的领导的有力量及其政策的不错误

（三）判断题

1. 农民问题是中国革命的中心问题，因此，农民是中国革命的天然领导者。（　　）

2. 中国新民主主义革命的任务是反对帝国主义、封建主义和资本主义。（　　）

3. 有人主张，既然中国革命的动力是无产阶级，那么革命本身就是无产阶级革命。（　　）

4. 新民主主义革命的总路线是资产阶级领导的，人民大众的，反对帝国主义、封建主义和资本主义的革命。（　　）

5. 城市小资产阶级包括知识分子、小商人、民族资产阶级和自由职业者。（　　）

6. 新民主主义革命的指导思想是马克思列宁主义。（　　）

7. 新民主主义的基本纲领有政治纲领、经济纲领、文化纲领。（　　）

8. 新民主主义的政治纲领是推翻帝国主义和封建主义的统治，建立一个无产阶级领导的、以工农联盟为基础的、人民民主专政的社会主义国家。（　　）

9. 新民主主义国家的政体是实行民主集中制的人民代表大会制度。（　　）

10. 1840 年到 1919 年属于新民主主义革命时期。（　　）

11. 党在领导新民主主义革命的过程中，把党的建设作为一项“伟大的工程”。(　　)

12. 加强党的建设，必须把组织建设放在首位。(　　)

13. 毛泽东在《中国革命和中国共产党》一文中，第一次提出了“新民主主义革命”的科学概念。(　　)

14. 人民军队的宗旨是坚持中国共产党对军队的绝对领导。(　　)

15. 中国革命最基本的动力是农民阶级。(　　)

16. 帝国主义是中国革命的首要对象。(　　)

17. 无产阶级及其政党要实现对各革命阶级的领导，必须建立以工农联盟为基础的广泛的统一战线，这是实现领导权的关键。(　　)

18. 无产阶级的领导权问题是中国革命的中心问题。(　　)

19. 近代中国革命是以1918年五四运动为开端，进入新民主主义革命阶段。(　　)

20. 在新民主主义的经济纲领中，保护民族工商业是无条件的。(　　)

（四）简答题

1. 简述新民主主义基本纲领的主要内容。

2. 简述土地革命、武装斗争、农村革命根据地建设三者之间的关系。

第三章 社会主义改造理论

一、逻辑脉络

- 社会主义改造理论
  - 从新民主主义到社会主义的转变
    - 新民主主义社会是一个过渡性的社会
    - 党在过渡时期的总路线及其依据
      - 党在过渡时期的总路线的提出
      - 党在过渡时期的总路线的理论依据
      - 党提出过渡时期总路线的现实依据
  - 社会主义改造道路和历史经验
    - 适合中国特点的社会主义改造道路
      - 农业、手工业的社会主义改造
      - 资本主义工商业的社会主义改造
    - 社会主义改造的历史经验
  - 社会主义基本制度在中国的确立
    - 社会主义基本制度的确立及其理论依据
    - 确立社会主义基本制度的重大意义

二、经典导入

党的七届二中全会

1949年3月5日至13日，党的七届二中全会在西柏坡举行。这次会议是中国共产党在新民主主义革命时期召开的最后一次中央全会，是党的奋斗历程中的一个重要里程碑。会议作出的各项政策方针，推动了新民主主义革命在全国的最终胜利，对中华人民共和国的建设事业发挥了巨大指导作用。

毛泽东在党的七届二中全会上作报告，提出了促进革命迅速取得全国胜利和组织这个胜利的各项方针；说明了在全国胜利的局面下，党的工作重心必须由乡村移到城市，城市工作必须以生产建设为中心；规定了党在全国胜利以后，在政治、经济、外交方面应当采取的基本政策，特别着重地分析了当时中国经济各种成分的状况和党所必须采取的正确政策，指出了中国由农业国转变为工业国、由新民主主义社会转变为社会主义社会的发展方向。毛泽东估计了中国人民民主革命胜利以后的国内外阶级斗争的新形势，及时地警告资产阶级的“糖衣炮弹”将成为对于无产阶级的主要危险。毛泽东的这个报告，和他在同年6月所写的《论人民民主专政》一文，构成了为中国人民政治协商会议第一届全体会议所通过的、在中华人民共和国成立初期曾经起了临时宪法作用的《中国人民政治协商会议共同纲领》的政策基础。

在经济方面，党的七届二中全会科学分析了革命胜利后中国社会的经济成分，认为社会主义性质的国营经济、半社会主义性质的合作社经济、农民和手工业者的个体经济、私人资本主义经济和国家资本主义经济将是构成中华人民共和国经济的几种主要形式。针对这一多种经济成分并存的经济结构，党应当采取如下政策：第一，没收官僚资本归人民共和国所有，使这部分经济成为社会主义性质的国营经济，成为整个国民经济的领导力量。第二，对私人资本主义经济，采取既利用又限制的政策。利用其积极性，以恢复和发展国民经济，但必须限制其消极方面，将其纳入国家经济政策和计划的轨道。第三，对于占国民经济总量90%左右的农业和手工业，必须谨慎、逐步、积极地引导它们通过合作社的形式，向集体化和现代化方向发展。

按照全会确立的经济方针，中华人民共和国在恢复经济的过程中，实行“公私兼顾、劳资两利、城乡互助、内外交流”的“四面八方政策”，“不要四面出击”，在短短三年内恢复了国民经济；在社会主义改造过程中成功实现公私合营，建立起以国营经济为主体的社会主义经济基础。党的七届二中全会的开拓性探索对改革开放时期社会主义初级阶段理论及中国特色社会主义思想的形成都具有重要意义。

《为动员一切力量把我国建设成为一个伟大的社会主义国家而斗争——关于党在过渡时期总路线的学习和宣传提纲》导读

从 1949 年到 1952 年，党领导人民集中力量恢复国民经济，继续完成民主革命遗留的任务，与此同时开始了向社会主义的过渡。经过三年的时间，到 1952 年我国国民经济得到恢复，民主革命的遗留任务已经完成，政治、经济及社会面貌发生了巨大变化。1953 年 12 月，中共中央批准了中央宣传部制发的《为动员一切力量把我国建设成为一个伟大的社会主义国家而斗争——关于党在过渡时期总路线的学习和宣传提纲》（以下简称《提纲》）。

《提纲》指出：从中华人民共和国成立到社会主义改造基本完成，这是一个过渡时期。党在这个过渡时期的总路线和总任务，是要在一个相当长的时期内，逐步实现国家的社会主义工业化，并逐步实现国家对农业、对手工业和对资本主义工商业的社会主义改造。《提纲》强调“党在过渡时期的总路线的实质，就是使生产资料的社会主义所有制成为我国国家和社会的唯一的经济基础”。总路线反映了中国共产党在过渡时期内把生产力发展与生产关系变革相统一、把社会主义建设与社会主义改造相结合的基本思路，充分体现了马克思主义过渡时期理论的要求，同时又反映出新中国在过渡时期的历史特点。

过渡时期总路线提出后，党中央在全党和全国人民中进行了广泛深入的宣传和教育，在党内迅速统一了认识，也得到全国人民的拥护。过渡时期总路线成为团结和动员全国人民共同为建设一个伟大的社会主义国家而奋斗的新纲领。全党和全国人民把自己的注意力转移到社会主义工业化的任务上来，兴高采烈地迎接和投入新中国大规模、有计划的经济建设的高潮。中国共产党制定并组织实施过渡时期总路线，创造性地开辟了一条适合中国国情的社会主义改造的道路，比较顺利地在我国建立了社会主义制度，为我国社会的发展和进步奠定了基础。

三、理论答疑

如何理解社会主义改造是实现中华民族伟大复兴的奠基之举？

20世纪50年代社会主义改造的完成和社会主义制度的确立，“实现了中华民族有史以来最为广泛而深刻的社会变革，实现了一穷二白、人口众多的东方大国大步迈进社会主义社会的伟大飞跃，为实现中华民族伟大复兴奠定了根本政治前提和制度基础”。毛泽东根据马克思列宁主义的基本原理，结合中国的具体实际，带领中国人民进行了伟大的社会主义革命，为实现中华民族伟大复兴奠定了社会主义道路基础、基本经济制度基础和物质基础。

（一）确定了社会主义的发展方向，为实现中华民族伟大复兴奠定了社会主义道路基础

实现中华民族伟大复兴必须走社会主义道路。毛泽东确定了社会主义的发展方向，提出了由新民主主义向社会主义逐步过渡的设想，领导我们党和人民找到了向社会主义过渡的正确道路，完成了社会主义改造，自此开始了在社会主义道路上实现中华民族伟大复兴的历史征程。

毛泽东认为，只有社会主义才能救中国和发展中国。毛泽东在中共七届二中全会上确定了社会主义的发展方向。中华人民共和国成立以后，经过三年国民经济恢复，国内外形势都发生了巨大变化。国内外各种因素都表明，毛泽东此前所提出的向社会主义过渡的时机与条件均已成熟，于是党开始探索向社会主义过渡的改造道路。在1953年6月15日的中央政治局会议上，毛泽东首次提出了党在过渡时期的总路线和总任务的基本内容。1953年8月11日，毛泽东在审阅周恩来在全国财经会议上的结论时，第一次对过渡时期总路线作了比较完整的文字表述。1953年12月，过渡时期总路线载入党的正式文件《为动员一切力量把我国建设成为一个伟大的社会主义国家而斗争——关于党在过渡时

期总路线的学习和宣传提纲》。1954 年 9 月，《中华人民共和国宪法》将党在过渡时期的总路线作为国家在过渡时期的总任务。

毛泽东不仅带领全党明确了社会主义的发展方向，而且创造性地开辟了一条不同于苏联和其他社会主义国家的、具有中国特色的社会主义改造道路，探索出一条向社会主义社会过渡的新路，从此使中国走上了社会主义的发展道路。进入社会主义社会后，中国又面临着究竟如何走社会主义道路、如何建设社会主义的重大问题。在艰辛探索中，毛泽东提出了以苏为鉴和“第二次结合”的问题。毛泽东带领全党创造的社会主义改造理论和成功实践，以及对社会主义建设的艰辛探索，为开创中国特色社会主义道路提供了宝贵经验，更是奠定了社会主义发展方向的道路基础。习近平总书记在纪念毛泽东同志诞辰 120 周年座谈会上的讲话指出“道路决定命运，找到一条正确道路是多么不容易。中国特色社会主义不是从天上掉下来的，是党和人民历尽千辛万苦、付出各种代价取得的根本成就。”实现中华民族伟大复兴，道路是最根本的问题。历史已经证明并将继续证明，中国特色社会主义是实现中华民族伟大复兴的唯一正确道路，而这一道路的基础正是毛泽东领导的社会主义改造所奠定的。

（二）建立了社会主义生产资料所有制，为实现中华民族伟大复兴奠定了基本经济制度基础

实现中华民族伟大复兴必须以社会主义基本制度为基石。毛泽东带领中国人民进行了对生产资料所有制的社会主义改造，确立了以公有制为主体的社会主义基本经济制度，为实现中华民族伟大复兴奠定了制度基础。

毛泽东强调，要确立社会主义制度，最基本的是建立社会主义公有制的经济基础。毛泽东指出，实现生产关系的变革，建立与人民民主专政的国家政权相适应的经济制度不仅有利于巩固新生政权，还有助于推动生产力的发展。为实现对生产资料所有制的改造，毛泽东对改造工作进行了多方面部署。通过对农业、手工业、资本主义工商业进行社会主义改造，公有制经济在国民经济中占据了主导地位，以生产资料公有制、按劳分配为基础的社会主义基本经济制度得以确定。

社会主义改造消灭了在中国延续几千年的封建剥削压迫制度，实现了中华民族有史以来最为广泛而深刻的社会变革。1956 年以前，中国社会虽然历经许

多重大变革，但是最根本的以生产资料私有制为主体的经济制度没有被打破。到 1956 年年底，对生产资料私有制的社会主义改造基本完成，以公有制为主的社会主义基本经济制度确立，才从根本上消灭了中华民族几千年来一直存在着的封建剥削压迫制度，实现了生产资料所有制的伟大变革，为实现中华民族伟大复兴奠定了基本经济制度基础。

毛泽东领导我们党和人民所建立的社会主义基本经济制度对于实现中华民族伟大复兴具有极其重要的意义。社会主义基本经济制度以社会主义公有制经济为社会基石，巩固了广大人民群众的政治地位，在经济上让劳动人民成为社会生产资料的主人，维护了最广大人民群众的根本利益；以社会主义公有制为主的基本经济制度，为工业化提供了制度基础，极大地解放和发展了社会生产力，使集中力量办大事成为现实，充分显示了社会主义制度的显著优势，这对于实现中华民族伟大复兴具有根本性、基础性意义。

（三）解放和发展了社会生产力，为实现中华民族伟大复兴奠定了物质基础

实现中华民族伟大复兴必须以坚实的物质基础为支撑。毛泽东带领我们党和人民实现了社会主义改造，解放和发展了社会生产力，奠定了实现中华民族伟大复兴所必需的社会主义物质基础，“实现了一穷二白、人口众多的东方大国大步迈进社会主义社会的伟大飞跃”。

社会主义改造的完成解放和发展了社会生产力，促进了社会主义工业和农业的快速发展。实践是检验真理的唯一标准。从社会主义改造基本完成后的实践经验来看，对生产资料私有制的社会主义改造对我国当时生产力的发展起到了强有力的推动作用。社会主义改造的完成，在较短时间内推动了国民经济体系的基本构建，不仅建立了国家统一领导的国营企业和集体企业体系，还全面加强了社会基础设施建设，为社会主义建设奠定了重要的经济基础。在社会主义改造期间，我国水利建设取得重大成就，为抗御水旱灾害、保障农业生产提供了重要设施和基础。交通运输建设方面也取得重要成就，为全面进行社会主义建设创造了基本条件。社会主义改造完成后，在社会生产力不断增长的情况下，人民的生活水平、健康水平和文化教育水平都显著提高，不仅人民的收入

获得大幅度增长，人民的健康水平也达到历史以来的新高度。

以毛泽东同志为代表的中国共产党人带领中国人民进行的社会主义改造，为实现社会主义工业化奠定了基础，也为建设社会主义现代化国家奠定了坚实基础。我们必须深刻认识到，以毛泽东同志为核心的党中央带领党和人民进行的社会主义改造，是实现中华民族伟大复兴的奠基之举，具有极为重要的历史意义和现实意义。

四、实践课堂

“第一个五年计划时期我国取得的主要成就”调研活动

（一）实践目标

1. 了解中国的社会主义改造和社会主义建设取得的主要成就，感悟社会主义制度的优越性。

2. 深化对教学知识的理解，了解我国发展的历史进程。

3. 锻炼搜集资料和沟通与合作的能力，发挥在学习过程中的主体作用。

（二）实践方案

第一步　资料搜集

1. 每班各小组成员为10~12人，每组成员通过阅读文献、上网查找资料等方式搜集我国在第一个五年计划时期取得的主要成就（包括工业化建设、民主政治与法治建设、教育事业发展、医疗卫生事业发展等方面的成就）的相关资料，感悟社会主义制度的优越性。

2. 各小组将搜集的第一个五年计划时期我国取得的主要成就的相关文字、图片、视频等资料进行整理。小组成员交流并总结心得体会，完成一份调研报告，并制作课件用于课堂展示。

第二步　汇报分享

每组选出一位代表组成评委团进行评分。每小组代表按照抽签顺序，依次上台进行汇报分享。

（三）实践评价

考核采用其他小组评分（50%）和教师评分（50%）相结合的方式。考核评分表见附件。

附件：

“第一个五年计划时期我国取得的主要成就”调研活动考核评分表

评分项目	评分标准描述	分值	教师评分（50%）	小组评分（50%）	评价标准	考核等级
内容主题	1. 调研报告内容紧扣主题 2. 调研报告内容准确、重点突出、逻辑清晰 3. 调研内容具有思想价值和现实意义	40 分			优：≥90 分 良：75~89 分 中：60~74 分 差：≤59 分	
课件制作	1. 图文并茂，精致美观 2. 页面简洁，条理清晰 3. 使用动画、特效等创新技巧 4. 资料丰富	30 分				
表现效果	1. 声音洪亮，表情自然 2. 脱稿汇报，表述流畅 3. 感情投入，感染力强	15 分				
团队合作	1. 全员参与 2. 分工合理 3. 配合默契度高	15 分				
教师点评： 教师签名： 年　月　日						

扫码学习

拓展阅读

五、巩固训练

（一）单项选择题

1. 中国共产党提出由新民主主义社会和平过渡到社会主义社会的最初设想是在（　　）。

A. 民主革命时期　　B. 中华人民共和国成立后

C. 社会主义改造完成后　　D. “文化大革命”时期

2. 1952 年年底，随着土地改革的基本完成，我国社会的主要矛盾已转变成（　　）。

A. 人民大众同帝国主义、封建主义及国民党反动派残余的矛盾

B. 帝国主义和中华民族的矛盾、封建主义和人民大众的矛盾

C. 工人阶级同资产阶级的矛盾、社会主义道路同资本主义道路的矛盾

D. 人民日益增长的物质文化需要同落后的社会生产之间的矛盾

3. 新民主主义社会中，处于领导地位的经济成分是（　　）。

A. 个体经济　　B. 私人和国家资本主义经济

C. 国营经济　　D. 合作社经济

4. 中华人民共和国成立初期，我国建立社会主义国营经济的最主要途径和手段是（　　）。

A. 没收帝国主义在华企业　　B. 没收官僚资本

C. 没收民族资本　　D. 没收地主阶级的土地和财产

5. 从中华人民共和国成立到社会主义改造基本完成，是我国从新民主主义到社会主义的过渡时期，这一时期，个体经济向社会主义集体经济过渡的形式是（　　）。

A. 国营经济　　B. 私人资本主义经济

C. 国家资本主义经济　　D. 合作社经济

6. 毛泽东关于农业社会主义改造的理论来源是（　　）。

A. 马克思的合作化理论　　B. 恩格斯的合作化理论

C. 列宁的合作化理论　　D. 斯大林的合作化理论

7. 资本主义工商业的社会主义改造已经基本完成的标志是实现了（　　）。

A. 手工业合作社的建立　　B. 农业合作化

C. 全行业公私合营　　D. 生产责任制

8. 党在过渡时期总路线的主体是（　　）。

A. 国家的社会主义工业化

B. 私营经济的国有化

C. 个体农业的集体化

D. 对个体农业、手工业和资本主义工商业的改造

9. 以下关于社会主义过渡时期总路线的说法中错误的是（　　）。

A. 实现社会主义工业化，实现农业、手工业和资本主义工商业的社会主义改造

B. 过渡时期结束的标志是社会主义改造结束

C. 以单一的社会主义公有制和计划经济体制为目标

D. 以中国特色社会主义为目标

10. 党在过渡时期总路线的实质是（　　）。

A. 改变生产资料的私有制　　B. 发展生产力

C. 消灭剥削阶级　　D. 改造个体农民和手工业者

11. 中国社会主义改造和社会主义建设道路中一个十分突出的特殊问题是（　　）。

A. 一个落后的农业国的工业化问题

B. 农业的社会主义改造问题

C. 农业的机械化问题

D. 民族资本主义工商业的社会主义改造问题

12. 制定我国第一个五年计划的依据是（　　）。

A. 国民经济的恢复和发展　　B. 土地改革的完成

C. 实现国家工业化　　D. 过渡时期的总路线

13. 中国共产党对个体农业和手工业实行社会主义改造的方针是（　　）。

A. 趁热打铁，积极领导　　B. 自愿互利，国家帮助

C. 积极领导，稳步前进　　D. 国家帮助，典型示范

14. 我国在手工业的社会主义改造过程中所办的手工业生产合作社属于（　　）。

A. 社会主义性质　　B. 半社会主义性质

C. 社会主义萌芽性质　　D. 非社会主义性质

15. 中国共产党对资本主义工商业进行社会主义改造的主要方式是（　　）。

A. 和平赎买　　B. 统购统销　　C. 公私合营　　D. 合作化

16. 我国在对资本主义工商业实行社会主义改造的过程中创造了国家资本主义的各种形式，其高级形式是（　　）。

A. 统购包销　　B. 委托加工，计划订货

C. 经销、代销　　D. 公私合营

17. 我国在对资产阶级工商业实行社会主义改造的过程中，国家向私营企业投资入股，企业生产资料由国家和资本家共同所有，利润分配仍然实行“四马分肥”，国家向企业派出公方代表，与工人、资本家共同管理和改造企业，公方代表居领导地位。这时的企业性质（　　）。

A. 仍然属于私营企业　　B. 属于半社会主义性质

C. 具有了社会主义因素　　D. 基本上属于社会主义国营性质

18. 在我国的社会主义过渡时期，民族资产阶级与工人阶级的矛盾性质是（　　）。

A. 对抗性的

B. 非对抗性的

C. 既有对抗性一面又有非对抗性的一面

D. 没有矛盾

19. 我国进入社会主义初级阶段的起点及剥削阶级和剥削制度被消灭的标志是（　　）。

A. 社会主义改造的完成　　B. 国民经济恢复任务的完成

C. 中华人民共和国的成立　　D. 中共十三大的召开

20. 1956年，社会主义改造基本完成以后，我国社会的主要矛盾是（　　）。

A. 工人阶级和资产阶级的矛盾

B. 社会主义道路和资本主义道路之间的矛盾

C. 人民日益增长的物质文化生活需要同落后的社会生产之间的矛盾

D. 坚持四项基本原则和资产阶级自由化之间的矛盾

（二）多项选择题

1. 关于中国新民主主义社会，下列说法正确的是（　　）。

A. 它是指从1949年中华人民共和国的成立到1956年社会主义改造的基本完成这一时期的社会形态

B. 它是一个过渡性质的社会，类似于马克思、列宁所说的过渡时期

C. 它从属于社会主义范畴

D. 它与社会主义初级阶段本质上是相同的

2. 从中华人民共和国成立到社会主义改造基本完成，是我国从新民主主义到社会主义的过渡时期。这一时期中国社会的阶级构成主要包括（　　）。

A. 工人阶级　　B. 农民阶级

C. 民族资产阶级　　D. 城市小资产阶级

3. 在新民主主义社会中，主要的经济成分包括（　　）。

A. 合作社经济　　B. 个体经济

C. 社会主义经济　　D. 资本主义经济

4. 1952 年，党中央在酝酿过渡时期总路线时，毛泽东把实现向社会主义转变的设想，由中华人民共和国成立之初的“先搞工业化建设”再一举过渡，改变为“建设和改造同时并举，逐步过渡”。这一改变的原因和条件是（　　）。

A. 我国社会主义经济因素的不断增长和对资本主义经济的限制

B. 为了确定我国工业化建设的社会主义方向

C. 我国工业化建设取得了重大成就

D. 民主革命的遗留任务已经完成

5. 农业社会主义改造大体上经历了（　　）发展阶段。

A. 互助组　　B. 初级社　　C. 中级社　　D. 高级社

6. 我国对个体手工业进行社会主义改造的主要形式有（　　）。

A. 供销组　　B. 供销合作社　　C. 生产合作社　　D. 公私合营

7. 中国共产党根据马克思列宁主义关于农业社会主义改造的思想，从我国的实际出发，开创了一条有中国特点的农业合作化道路，成功实现了对个体农业的社会主义改造，其成功经验主要有（　　）。

A. 在土地改革基础上，不失时机地引导个体农民走互助合作道路

B. 遵循自愿互利、典型示范、国家帮助的原则

C. 实行“三级所有、队为基础”的农村集体经济体制

D. 采取从互助组到初级合作社再到高级合作社的逐步过渡形式

8. 20 世纪 50 年代，我国在对资本主义工商业进行社会主义改造的过程中创造的国家资本主义的具体形式有（　　）。

A. 加工订货　　B. 统购包销　　C. 经销代销　　D. 公私合营

9. 我国对资本主义工商业进行社会主义改造的经验有（　　）。

A. 严格区别官僚资本和民族资本的界限，实行了生产赎买，和平地实现了生产关系的深刻变革

B. 创造了国家资本主义的多种形式，采取了由低级到高级逐步过渡的形式

C. 把对企业的改造和对资本家的改造结合起来，把资本家改造成自食其力的劳动者

D. 对私人资本主义的赎买政策应始终坚持“四马分肥”

10. 我国对民族资产阶级实行和平赎买的必要性在于（　　）。

A. 民族资产阶级经济实力雄厚，掌握国家经济命脉

B. 民族资产阶级有一定的技术专长和管理经验

C. 民族资产阶级经济构成整个国民经济的基础

D. 当时中国经济落后，需要利用民族资本主义经济有利于国计民生的一面

11. 在进行社会主义改造、向社会主义过渡的进程中，中国共产党积累了丰富的历史经验，包括（　　）。

A. 坚持社会主义工业化建设与社会主义改造同时并举

B. 采取积极引导、逐步过渡的方式

C. 用和平方法进行改造

D. 采用从低级到高级的国家资本主义的过渡形式

12. 我国社会主义改造是一场伟大的社会变革，但是在改造过程中也出现了一些偏差，遗留了一些问题，具体表现在（　　）。

A. 所有制结构过于单一，在社会主义公有制已居于绝对统治地位的条件下，没有有限度地保留一部分有益于国计民生的个体经济和私营经济

B. 高度集中的计划经济体制也随之扩大到整个社会经济生活之中

C. 在一定程度上排斥了商品经济和市场经济的正常运行

D. 要求过急，发展过快，工作过粗，改造形式过于简单

13. 我国对资本主义工商业进行社会主义改造经历的步骤包括（　　）。

A. 初级形式的国家资本主义　　B. 高级形式的合作社

C. 个别企业公私合营　　D. 全行业公私合营

14. 1954 年 9 月，第一届全国人民代表大会的召开和《中华人民共和国宪法》的制定及颁布施行的意义是（　　）。

A. 为各族人民参与国家政治生活提供了必要条件和保证

B. 我国的人民民主政治建设并不是在有步骤地推进

C. 为逐步健全和完善我国社会主义政治制度奠定了坚实的基础

D. 成为我国社会主义政治建设的里程碑

E. 是随着社会主义改造的进行而推进的

15. 伴随着社会经济制度和社会经济结构的根本变化，我国社会的阶级关系发生了根本的变化，主要有（　　）。

A. 帝国主义侵略势力已经被清除出中国大陆

B. 官僚资产阶级已经在中国内地被消灭

C. 原来的地主和富农正在被改造成自食其力的劳动者

D. 民族资产阶级分子被改造成自食其力的劳动者

E. 工人阶级已经成为国家的领导阶级

（三）判断题

1. 我国的社会主义改造取得了历史性的胜利，没有出现失误和偏差。(　　)

2. 新民主主义社会不是一个独立的社会形态，而是由新民主主义向社会主义转变的过渡性社会形态。(　　)

3. 在新民主主义社会中，社会主义的因素不论在经济上还是在政治上都已经居于领导地位，所以非社会主义因素已无足轻重。(　　)

4. 新民主主义社会属于社会主义体系，是逐步过渡到社会主义社会的过渡性质的社会。(　　)

5. 从 1949 年至 1952 年，党领导人民集中力量恢复国民经济，继续完成民主革命遗留的任务。(　　)

6. 党在过渡时期的总路线，完全照搬了马克思列宁主义关于过渡时期的理论。(　　)

7. 在对农业的社会主义改造中，对农民不能采取剥夺的办法，只能引导、说服和教育，使其自愿地走合作化的道路。(　　)

8. 到 1956 年年初，农业社会主义改造基本完成。(　　)

9. 无产阶级掌握国家政权后，“剥夺剥夺者”，使被资本家占有的生产资料变成人民的财产。这是社会主义革命的一个基本原则。(　　)

10. 所谓国家资本主义，就是在国家直接控制和支配下的资本主义经济。(　　)

11. 1956年年底，我国对农业、手工业和资本主义工商业的社会主义改造基本完成。(　　)

12. 我国社会主义改造的完成标志着中国历史上长达数千年的阶级剥削制度的结束和社会主义基本制度的确立。(　　)

13. 1953年9月，第一届全国人民代表大会的召开和《中华人民共和国宪法》的制定及颁布施行，为各族人民参与国家政治生活提供了必要条件和保证。(　　)

14. 中国第一部宪法对于我国人民民主专政的国体和人民代表大会的政体并没有做出明确规定。(　　)

15. 随着社会经济制度和社会经济结构的根本变化，我国社会的阶级关系没有发生根本的变化。(　　)

16. 不经过社会生产力的极大发展，是可以超越社会主义初级阶段的。(　　)

17. 社会主义基本制度的确定是中国历史上最深刻、最伟大的社会变革。(　　)

18. 我国工业化、现代化建设取得的辉煌成就，离不开选择了社会主义道路这个根本的前提条件。(　　)

19. 中国社会主义基本制度的确立，使占世界人口1/4的东方大国进入了社会主义社会，这是社会主义发展史上又一个历史性的伟大胜利。(　　)

20. 1956年年底，我国社会主义改造基本完成时，第一个五年计划的主要指标还未完成。(　　)

（四）简答题

1. 简述党在过渡时期总路线。

2. 简述我国确立社会主义基本制度的重大意义。

第四章　社会主义建设道路初步探索的理论成果

一、逻辑脉络

- 社会主义建设道路初步探索的理论成果
  - 初步探索的重要理论成果
    - 调动一切积极因素为社会主义事业服务
    - 正确认识和处理社会主义社会矛盾的思想
    - 走中国工业化道路的思想
    - 初步探索的其他理论成果
  - 初步探索的意义和经验教训
    - 初步探索的意义
    - 初步探索的经验教训

二、经典导入

《论十大关系》导读

《论十大关系》是毛泽东在 1956 年 4 月 25 日中央政治局扩大会议上的讲话，是探索中国社会主义建设道路的开篇之作。中华人民共和国成立后的前几年，我国在经济恢复和社会主义改造方面取得了显著成就，但在社会主义建设的道路上仍面临诸多新的挑战和问题。一方面，苏联模式在我国社会主义建设初期发挥了重要作用，但也逐渐暴露出一些弊端，如片面强调重工业发展、忽视农业和轻工业，以及在经济管理体制上过于集中等。另一方面，我国自身的国情和发展需求要求我们必须探索出一条适合本国实际的社会主义建设道路。在这样的历史背景下，毛泽东经过深入调查研究和审慎思考，提出了关于社会主义建设中十大关系的重要论述，为中国社会主义建设道路的探索指明了方向，开启了中国共产党人独立自主探索适合本国国情社会主义建设道路的新篇章。

《论十大关系》是毛泽东关于社会主义建设的代表作，体现了党对社会主义建设的深刻思考和全面规划。《论十大关系》提出的基本方针是“要把国内外一切积极因素调动起来，为社会主义事业服务。”这是毛泽东关于怎样建设社会主义的根本指导思想。在总结我国经济建设问题和以苏联经验与教训为鉴的基础上，报告详细论述了十个问题即“十大关系”，其主要内容包括：

（1）重工业和轻工业、农业的关系：强调重工业是我国建设的重点，但也要注重轻工业和农业的发展，三者应协调发展，以推动工业化进程。

（2）沿海工业和内地工业的关系：提出要好好利用和发展沿海的工业基础，以支持和推动内地工业的发展，实现沿海与内地的良性互动。

（3）经济建设和国防建设的关系：指出经济建设与国防建设相辅相成，加强国防首先要加强经济建设，为国防提供坚实的物质基础。

（4）国家、生产单位和生产者个人的关系：指出在处理国家、集体和个人三者的利益关系时，要兼顾三方面，确保各方的合理权益。

（5）中央和地方的关系：指出在巩固中央统一领导的前提下，适当扩大地方的权力，让地方办更多的事情，以调动地方的积极性和创造性。

（6）汉族和少数民族的关系：强调要平等对待各个民族，反对大汉族主义，以促进民族团结和共同发展。

（7）党和非党的关系：提出几个党比一个党好的观点，并强调长期共存、互相监督，以促进多党合作制度的健康发展。

（8）革命和反革命的关系：肯定了镇压反革命的作用，并提出了今后镇压反革命的要求，以维护社会稳定和国家安全。

（9）是非关系：提出对于犯了错误的同志，应采取“惩前毖后，治病救人”的方针，注重帮助他们改正错误，而不是简单地加以指责或惩罚。

（10）中国和外国的关系：主张向外国学习，但必须有分析、有批判地学，将学习与本国实际相结合，走出一条适合自己的发展道路。

《论十大关系》是毛泽东对中国社会主义建设道路进行的一次全面、系统、深入的探索，它涵盖了经济、政治、文化、社会、国防、外交等各个重要领域，深刻体现了马克思主义基本原理与中国具体实际相结合的思想精髓。它不仅在当时为中国社会主义建设指明了正确方向，纠正了苏联模式的一些弊端，而且为后来中国特色社会主义理论体系的形成和发展奠定了坚实基础。在当今时代，尽管国际国内形势发生了巨大变化，但《论十大关系》中所蕴含的辩证思维方法、统筹兼顾理念、独立自主探索精神及对社会主义建设规律的深刻认识，仍然具有不可替代的指导意义。它提醒我们在社会主义现代化建设进程中，要始终坚持从国情出发，正确处理各种复杂关系，协调好各方面利益，充分调动一切积极因素，坚定不移地走中国特色社会主义道路，为实现中华民族伟大复兴的中国梦而不懈努力。

《关于正确处理人民内部矛盾的问题》导读

《关于正确处理人民内部矛盾的问题》是在毛泽东 1957 年 2 月 27 日在最高国务会议第十一次（扩大）会议讲话的基础上，经过整理、修改和补充而成的，于同年 6 月 19 日在《人民日报》公开发表。《关于正确处理人民内部矛盾的问题》是毛泽东在社会主义革命和建设时期的一篇十分重要的理论著作。它在科学社会主义理论的发展史上，首次创立了关于社会主义社会矛盾的学说，为社会主义条件下的改革和建设提供了理论基础。

1956年，随着三大改造基本完成，党领导人民开始进行全面的社会主义建设。这一时期，全党面临着复杂的国际国内形势。国际上，苏共二十大尖锐揭露和批判了斯大林在领导苏联社会主义建设中所犯的一些重大错误，以及对他的个人崇拜所造成的严重后果，引起国际共产主义运动的震动。波兰和匈牙利先后发生大规模骚乱。在国内，由于社会主义改造的迅速完成，加上实际工作中存在的官僚主义等弊病的影响，一些社会矛盾突出地表现出来。面对新出现的矛盾，许多党员干部缺乏思想准备，一些干部习惯用类似处理敌我矛盾的办法进行处理，造成矛盾激化。如何借鉴苏联和波兰、匈牙利事件的经验教训，正确认识和处理社会主义社会的矛盾，成为党高度重视和不断探索的问题。毛泽东深入研究社会主义社会矛盾问题，形成了一套系统的关于社会主义社会矛盾的学说。1957年2月27日，毛泽东在最高国务会议第十一次（扩大）会议上发表《关于处理人民内部矛盾的问题》的讲话，主要内容有以下几点。

（1）明确系统地论述社会主义社会的基本矛盾及其特点。毛泽东指出，矛盾是普遍存在的，社会主义社会也充满着矛盾。社会主义社会的基本矛盾仍然是生产关系和生产力之间、上层建筑和经济基础之间的矛盾，正是这些矛盾推动着社会主义社会不断地向前发展。社会主义社会的矛盾和旧社会如资本主义社会的矛盾具有不同的性质和情况。资本主义社会的矛盾表现为剧烈的对抗、冲突和剧烈的阶级斗争，不可能由资本主义制度本身来解决。社会主义社会的矛盾不是对抗性的，可以经过社会主义制度本身的自我调整和完善，不断得到解决。

（2）提出了社会主义社会两类矛盾的理论。毛泽东指出：社会主义社会的矛盾反映在政治上可以划分为敌我矛盾和人民内部矛盾两类。在建设社会主义时期，一切赞成、拥护和参加社会主义建设事业的阶级、阶层和社会集团，都属于人民范畴；一切反抗社会主义革命和敌视、破坏社会主义建设的社会势力和社会集团，都是人民的敌人。这是划分两类矛盾的标准。敌我矛盾是对抗性矛盾。人民内部矛盾一般来说是在人民利益根本一致的基础上的矛盾。矛盾的性质不同，解决的方法也不同。两类矛盾在一定条件下会互相转化，所以应该创造主、客观条件，促使矛盾向好的方面转化，而不是相反。

（3）把正确处理人民内部矛盾明确规定为国家政治生活的主题，并制定出解决人民内部矛盾的一系列方针。毛泽东指出：革命时期大规模的急风暴雨式的群众阶级斗争基本结束，我们的根本任务已经由解放生产力变为在新的生产关系下面保护和发展生产力。这就是说，党和国家的工作重心要转移到经济建设上来。因此，正确处理人民内部矛盾就成为国家政治生活的主题。毛泽东阐述了解决人民内部矛盾的一系列方针，如：要提倡和善于运用民主的方法即“团结—批评—团结”的方针；在社会经济方面实行统筹安排，兼顾国家、集体、个人三者的利益，并找出一条中国工业化的道路；在科学文化工作中贯彻“百花齐放、百家争鸣”的方针；在与民主党派的关系上实行“长期共存、互相监督”；信任、团结、教育知识分子，搞好民族关系；等等。

《关于正确处理人民内部矛盾的问题》在马克思主义发展史上具有开创性意义，它丰富和发展了马克思主义的科学社会主义理论，为中国共产党正确认识中国基本国情、制定建设社会主义的正确路线奠定了理论基础，对党和社会主义建设事业具有长远的理论指导意义。

三、理论答疑

如何正确理解改革开放前和改革开放后两个历史时期的关系？

正确理解改革开放前和改革开放后两个历史时期的关系，是坚持唯物史观、坚持正确党史观的必然要求。以党的十一届三中全会为标志，我们党领导人民进行社会主义建设有改革开放前和改革开放后两个历史时期。这两个历史时期虽然如同经历不同的航程，但实现民族复兴的航向是共同的，社会主义建设的探索从未中断，中国共产党的掌舵领航始终不变。然而，在如何看待改革开放前后两个历史时期关系的问题上，有的人将这两个历史时期割裂开来、对立起来，这是完全错误的。

应该看到，改革开放前后两个历史时期在进行社会主义建设的思想指导、方针政策、实际工作上有很大区别，但区别不等于彼此割裂，更不等于根本对立。无论是改革开放前的历史时期，还是改革开放后的历史时期，在本质上都是我们党领导人民进行社会主义建设的实践探索，二者紧密联系、一脉相承。习近平总书记强调：“对改革开放前的历史时期要正确评价，不能用改革开放后的历史时期否定改革开放前的历史时期，也不能用改革开放前的历史时期否定改革开放后的历史时期。”这一重要论断集中体现了我们党对于这个重大政治问题的根本立场和鲜明态度，为正确认识改革开放前后两个历史时期的关系指明了方向。

一方面，改革开放前的社会主义实践探索为改革开放后的社会主义实践探索积累了条件。中国特色社会主义是在改革开放历史新时期开创的，但也是在新中国已经建立起社会主义制度并进行了二十多年建设的基础上开创的，不是零起点，更不是抛开历史另起炉灶。面对旧中国遗留下的“一穷二白”烂摊子，中华人民共和国经过巨大努力建立起独立的比较完整的工业体系和国民经济体系，建立起人民代表大会制度、公有制等社会主义制度，为改革开放后的快速发展打下坚实基础，为当代中国一切发展进步奠定了根本政治前提和制度基础。在苏联模式的“鞋子”不合脚的情况下，我们党带领人民毅然开始独立进行社会主义探索，在未知中开拓，在曲折中前进，积累了正反两方面的重要经验。可以说，如果没有社会主义革命和建设积累的重要思想、条件和宝贵经验，改革开放很难顺利推进，也不可能取得巨大的发展成就。

另一方面，改革开放后的社会主义实践探索是对改革开放前的社会主义实践探索的坚持、改革、发展。马克思说过：“人们自己创造自己的历史，但是他们并不是随心所欲地创造，并不是在他们自己选定的条件下创造，而是在直接碰到的、既定的、从过去承继下来的条件下创造。”我们党在改革开放前的社会主义建设实践中提出了许多正确主张。这些主张当时没有真正落实，在改革开放后才得到真正贯彻，并不断发展和完善。党的十一届三中全会以来，我们党重新确立解放思想、实事求是的思想路线，作出实行改革开放的历史性决策，开创和发展了中国特色社会主义，不但把社会主义大旗举住了、举稳了，还创造出彪炳史册的发展奇迹。改革开放孕育并成就了中国特色社会主义从理论到实践的伟大创造。如果没有我们党果断实行改革开放，并在牢牢把握正确方向的前提下坚定不移地推进改革开放，社会主义中国就不可能有今天这样的大好局面。

所以，坚持改革开放前后两个历史时期不能相互否定，是对党的历史的尊重和珍惜，也是正确认识和处理两个历史时期关系的必然要求。用后来的时代条件、发展水平、认识水平去衡量和要求前人，苛求前人干出只有后人才能干出的业绩，是不可取的。评价一段历史，必须基于对历史条件、历史过程的全面认识和对历史规律的科学把握。无论是对改革开放前社会主义探索中出现的失误和曲折，还是对改革开放过程中出现的各种矛盾和问题，我们都不能脱离具体的历史环境和条件机械理解、抽象对待，更不能求全责备、以偏概全。只有坚持正确的历史观，分清主流和支流，坚持真理、修正错误，发扬经验、吸取教训，才能不断把党和人民的事业向前推进。

正确处理改革开放前后两个历史时期的关系，不只是一个历史问题，更主要的是一个政治问题。这个重大政治问题处理不好，就会产生严重政治后果。

回看走过的路，改革开放前后两个历史时期都是我国进行社会主义建设的重要探索，将二者贯通起来，才能回答好“我们从哪儿来”的问题。远眺前行的路，必须从历史中汲取智慧，不走封闭僵化的老路和改旗易帜的邪路，回答好“我们往哪儿去”的问题，更加坚定地沿着中国特色社会主义道路走下去。

四、实践课堂

“时刻听党话，永远跟党走”主题征文活动

（一）实践目标

1. 了解社会主义改造完成后，我国在社会主义建设道路的初步探索中取得的一些重要思想理论成果，以及其对于巩固我国社会主义制度、开创和发展中国特色社会主义、促进世界社会主义发展的重要意义。

2. 辩证地认识初步探索中的经验教训，加深对中国特色社会主义建设道路的前进性和曲折性的认识。

3. 自觉投身新时代中国特色社会主义建设中，争做时代新人。

（二）实践方案

1. 活动目的：学习我党带领人民艰辛探索的理论成果，自觉汲取先进人物的伟大精神力量，积极投身新时代中国特色社会主义建设事业。通过参与爱国主义读书教育活动，做有理想、有道德、有文化、有纪律的社会主义建设者和接班人，把爱国主义教育推向一个新阶段。

2. 征文主题："时刻听党话，永远跟党走"。

3. 征文对象：全体在籍学生。

4. 征文要求：

（1）记叙文，2000 字左右。

（2）请在稿件末尾注明作者姓名、专业、班级、联系方式。

5. 投稿方式：将稿件电子版发送至指定邮箱，邮件主题请注明"征文+作者姓名+标题"。

6. 其他说明：来稿恕不退还，请作者自留底稿。所有入围作品的使用权均归南通师范高等专科学校马克思主义学院所有，学校可对其进行修改。

7. 征文评分标准见附件。

附件：

"时刻听党话，永远跟党走"主题征文活动评分标准表

评分项目	分值	评分标准	得分
主题内容	30 分	1. 主题鲜明，具有思想价值和现实意义 2. 内容符合主题要求，富有启迪性和前瞻性 3. 感情真挚	
体裁结构	30 分	1. 文体明确，文眼明显，线索脉络清晰 2. 文章层次分明、结构合理 3. 布局严谨、自然、完整	
语言表达	20 分	1. 语言通顺流畅、符合逻辑 2. 写作技巧运用出色合理 3. 详略得当	
创新亮点	20 分	1. 标题醒目、新颖 2. 材料构思新鲜，见解独特 3. 章法架构具有独到之处	

扫码学习

拓展阅读

五、巩固训练

（一）单项选择题

1. 中共八大提出的我国经济建设方针是（　　）。

A. 大干快上，赶美超英

B. 力争高速度，快压倒一切

C. 慢一点，稳一点

D. 既反保守又反冒进，在综合平衡中稳步前进

2. 中国共产党在实践中开始探索符合中国国情的社会主义建设道路的标志是（　　）。

A. 中共八大召开

B. 毛泽东发表《论十大关系》

C. 毛泽东发表《关于正确处理人民内部矛盾的问题》

D. 中共中央提出社会主义建设总路线

3.《论十大关系》是毛泽东探索中国社会主义建设道路的开山之作，其基本方针是（　　）。

A. 把国内外一切积极因素调动起来，为社会主义事业服务

B. 正确处理人民内部矛盾和敌我矛盾

C. 加强全党和全国人民的团结

D. 探索适合我国国情的社会主义建设道路

4. 毛泽东在《论十大关系》中阐述的首要的经济关系是（　　）。

A. 国防建设和经济建设的关系　　B. 中央与地方的关系

C. 沿海工业和内地工业的关系　　D. 重工业和轻工业、农业的关系

5. 社会主义改造基本完成后，国家政治生活的主题是（　　）。

A. 探索本国建设社会主义的道路

B. 不断解决仍然存在的敌我矛盾，同时正确处理人民内部矛盾

C. 正确处理人民内部矛盾

D. 集中力量解决人民对于建立先进的工业国的要求同落后的农业国现实之间的矛盾

6. 20 世纪 60 年代提出实行“两种教育制度，两种劳动制度”主张的是（　　）。

A. 毛泽东　　B. 周恩来　　C. 刘少奇　　D. 邓小平

7. 在 1956 年知识分子问题会议上，周恩来对知识分子的阶级属性的表述是（　　）。

A. 小资产阶级

B. 民族资产阶级

C. 知识分子的绝大部分已经是工人阶级的一部分

D. 大资产阶级

8. 中华人民共和国成立后，工人阶级与民族资产阶级之间的矛盾属于（　　）。

A. 敌我矛盾　　B. 阶级矛盾　　C. 人民内部矛盾　　D. 对抗性矛盾

9. 毛泽东指出，在解决人民内部矛盾时，一个总的方针是（　　）。

A. 用民主的方式解决　　B. 用谈判的方式解决

C. 用暴力的方式解决　　D. 用革命的方式解决

10. 毛泽东认为，社会主义社会的基本矛盾具有“又相适应又相矛盾”的特点，其中，之所以会有相矛盾的一面，是因为（　　）。

A. 社会主义生产力发展水平不高　　B. 社会主义建设者经验积累不足

C. 社会主义国家发展程度不够　　D. 社会主义生产关系不完善

11. 标志着党探索中国社会主义建设道路的良好开端的是（　　）。

A.《论十大关系》

B. 社会主义改造完成

C. 正确认识和处理社会主义社会的矛盾

D. 调动一切积极因素，为社会主义事业服务

12. 周恩来在（　　）上正式宣布，把我国建设成为一个具有现代农业、现代工业、现代国防和现代科学技术的社会主义强国。

A. 一届全国人大一次会议　　B. 二届全国人大一次会议

C. 三届全国人大一次会议　　D. 四届全国人大一次会议

13. 毛泽东提出社会主义社会的基本矛盾和两类不同性质矛盾学说的著作是（　　）。

A.《论十大关系》

B.《矛盾论》

C.《论人民民主专政》

D.《关于正确处理人民内部矛盾的问题》

14. 在社会主义建设道路初步探索的过程中，毛泽东提出了（　　）发展国民经济的总方针。

A. 以农业为基础，以工业为主导，以农、轻、重为序

B. 以农业为基础，以重工业为主导，以农、轻、重为序

C. 以工业为基础，以农业为主导，以工、农、重为序

D. 统筹兼顾，综合平衡

15. 中华人民共和国成立以来我们在社会主义建设中所经历的曲折和失误，归根结底，就在于没有完全搞清楚（　　）。

A. 阶级斗争和经济建设的关系

B. 解放生产力和发展生产力的关系

C. 什么是社会主义、怎样建设社会主义

D. 计划与市场的关系

16. 为了走中国工业化道路，党的八大提出（　　）的方针。

A. 以经济建设为中心的方针

B. 以阶级斗争为中心的方针

C. 既反保守又反冒进，在综合平衡中稳步前进的方针

D. 统筹兼顾的方针

17. 恢复党的八大对我国社会主要矛盾的正确表述是在（　　）。

A. 党的八大二次会议　　B. 党的十一届三中全会

C. 党的十一届六中全会　　D. 党的十九大

18. 毛泽东科学揭示了社会主义社会发展的动力的学说是（　　）。

A. 敌我矛盾学说　　B. 党内外矛盾学说

C. 社会主义社会矛盾学说　　D. 人民内部矛盾学说

19. 1971 年，第（　　）届联合国大会恢复中华人民共和国在联合国的合法席位。

A. 26　　B. 24　　C. 36　　D. 25

20.（　　）的提出标志着对台政策由“武力解放”调整为“和平解决”。

A. 一国两制　　B. 邓六条　　C. 一纲四目　　D. 叶九条

（二）多项选择题

1. 毛泽东提出的关于正确处理农业、轻工业和重工业关系问题的思想有（　　）。

A. 发展工业和发展农业同时并举

B. 多发展重工业，少发展一些农业和轻工业

C. 以农、轻、重为序安排国民经济的方针

D. 以农业为基础，以工业为主导的总方针

2. 针对人民内部矛盾在具体实践中的不同情况，毛泽东提出了一系列具体方针，下面正确的有（　　）。

A. 对于思想政治领域的人民内部矛盾，实行“团结—批评—团结”的方针。

B. 对科学文化领域里的矛盾，实行“百花齐放，百家争鸣”的方针。

C. 对于物质利益、分配方面的人民内部矛盾，实行统筹兼顾、适当安排的方针。

D. 对于民族之间的矛盾，实行民族平等、团结互助的方针。

3. 毛泽东指出，从建设社会主义基本制度到建成一个伟大的社会主义国家，至少需要五十年到一百年的时间，这是由（　　）。

A. 我国进入社会主义的特殊历史条件决定的

B. 我国的现实状况决定的

C. 我国现代化建设所处的国际环境和时代特点决定的

D. 社会发展的自身规律决定的

4. 在正确认识和处理社会主义社会矛盾的问题上，党提出并回答的重要理论问题是（　　）。

A. 如何消除社会主义社会的矛盾

B. 社会主义社会是否存在矛盾

C. 社会主义社会存在什么性质的矛盾

D. 如何正确处理和解决社会主义社会的矛盾

5. 下列属于人民内部矛盾的有（　　）。

A. 工人阶级和其他劳动人民同民族资产阶级之间的矛盾

B. 政府和人民群众之间的矛盾

C. 领导同被领导之间的矛盾

D. 国家机关某些工作人员的官僚主义作风同群众之间的矛盾

6. 毛泽东关于社会主义社会矛盾的学说，具有的历史意义是（　　）。

A. 科学揭示了社会主义社会发展的动力

B. 为正确处理社会主义社会各种矛盾提供了基本的理论依据

C. 为创造良好的社会环境和政治环境提供了基本的理论依据

D. 为社会主义改革奠定了理论基础

7. 社会主义现代化的战略目标是四个现代化，包括（　　）。

A. 农业现代化　　B. 工业现代化

C. 国防现代化　　　　D. 科学技术现代化

8. 关于经济运行机制，毛泽东提出了“两参一改三结合”的思路，其中包括（　　）。

A. 企业建立合理的规章制度和严格的责任制

B. 实行民主管理

C. 实行干部参加劳动、工人参加管理

D. 改革不合理的规章制度

9. 党的八大提出，要进一步扩大民主，开展反对官僚主义的斗争，就要做到（　　）。

A. 加强党对于国家工作的监督，特别是加强党对国家机关的领导和监督

B. 加强全国人民代表大会及其常务委员会对中央一级政府机关的监督

C. 加强地方各级人民代表大会对地方各级政府机关的监督

D. 加强各级政府机关由上而下和由下而上的监督

10. 从20世纪50年代后期开始，由于“左”的错误的影响，我国在社会主义建设中的主要错误有（　　）。

A. 急于求成，盲目冒进

B. 把变革生产关系绝对化，以为社会主义所有制形式越大越公越好

C. 不重视发展生产力

D. 坚持以阶级斗争为纲

11. 毛泽东认为，社会主义建设中的积极因素与消极因素是一对矛盾，这一矛盾是（　　）。

A. 社会主义社会的基本矛盾　　　　B. 社会主义社会的主要矛盾

C. 既统一又斗争的关系　　　　D. 可以相互转化

12. 关于社会主义发展阶段，毛泽东提出（　　）。

A. 社会主义可分为不发达的社会主义和比较发达的社会主义两个阶段

B. 比较发达的社会主义阶段可能比不发达的社会主义阶段需要更长的时间

C. 我国仍然处于新民主主义革命发展阶段

D. 我国现在处于并将长期处于社会主义初级阶段

13. 毛泽东在《关于正确处理人民内部矛盾的问题》中系统阐述了社会主义社会基本矛盾的理论，其基本观点是（　　）。

A. 社会主义社会的基本矛盾可以通过社会主义制度本身不断地得到解决

B. 社会主义社会的基本矛盾是非对抗性矛盾

C. 社会主义社会的基本矛盾具有“又相适应又相矛盾”的特点

D. 社会主义社会的基本矛盾仍然是生产关系和生产力、上层建筑和经济基础之间的矛盾

14. 对社会主义社会存在两类不同性质矛盾的理论描述正确的是（　　）。

A. 敌我矛盾和人民内部矛盾可以互相转化

B. 敌我矛盾是分清是非的问题

C. 解决敌我矛盾用专政的方法

D. 居于主导地位的是人民内部矛盾

15. 对于三线建设，描述正确的是（　　）。

A. 以加强国防为中心的战略大后方建设

B. 改变了“三五”计划的最初设想

C. 采取多快好省的方法

D. 方针任务是“备战、备荒、为人民”

（三）判断题

1. 在处理人民内部矛盾上，正确的方法是“批评—团结—批评”的方法。（　　）

2. 社会主义社会的基本矛盾要通过革命的方式进行解决。（　　）

3. 中共八大明确提出社会主义社会的主要任务是阶级斗争。（　　）

4. 中国共产党在犯严重错误的时候，它的性质和宗旨都是没有发生改变的。（　　）

5. 在1954年被第一次提出的“四个现代化”为工业、农业、交通运输业和国防的现代化。（　　）

6. 关于中华人民共和国成立后走中国工业化道路，调整和完善所有制结构，陈云提出了著名的“三个主体，三个补充”理论。(　　)

7. 1956 年社会主义改造完成后，我国的基本国情是仍处于并将长期处于社会主义初级阶段。(　　)

8. 独立自主就是关起门来搞建设。(　　)

9. 对于什么是国内外的积极因素，毛泽东指出，在国内，工人和农民是基本力量。(　　)

10. 毛泽东关于“三个世界划分”的战略思想中的“第三世界”包含了苏美以外的西方发达国家和东欧国家。(　　)

11. 充分调动一切积极因素，尽可能地克服消极因素，并且努力化消极因素为积极因素，是社会主义事业前进的现实需要。(　　)

12. 社会主义建设的积极因素与消极因素在一定条件下是可以互相转化的。(　　)

13. 实现工业化是中国近代以来历史发展的必然要求，也是民族独立和国家富强的必要条件。(　　)

14. 必须坚持对外开放，借鉴和吸收人类文明成果建设社会主义，不能关起门来搞建设。(　　)

15. 在社会主义建设道路初步探索中形成的正确的理论原则和经验总结，是毛泽东思想科学体系中的重要内容，是毛泽东思想在社会主义建设时期的新发展。(　　)

16. 改革开放前后两个历史时期是两个相互联系又有重大区别的时期。(　　)

17. 在社会主义改造时期，我们党根据中国民族资产阶级在社会主义革命中的特点，对民族资产阶级实行团结、教育、改造的方针。(　　)

18. 毛泽东在《关于正确处理人民内部矛盾的问题》中第一次系统地阐述了社会主义社会的矛盾问题，形成了比较完整的正确处理人民内部矛盾的思想。(　　)

19. 对于科学文化领域里的矛盾，实行“长期共存、互相监督”的方针。(　　)

20. 在全党和全国工作重心由革命转向建设的时候，面临着一个怎样建设社会主义的问题。(　　)

（四）简答题

1. 如何认识党对社会主义建设道路初步探索的意义？

2. 党对社会主义建设道路的初步探索有哪些经验和教训？

第五章 中国特色社会主义理论体系的形成发展

一、逻辑脉络

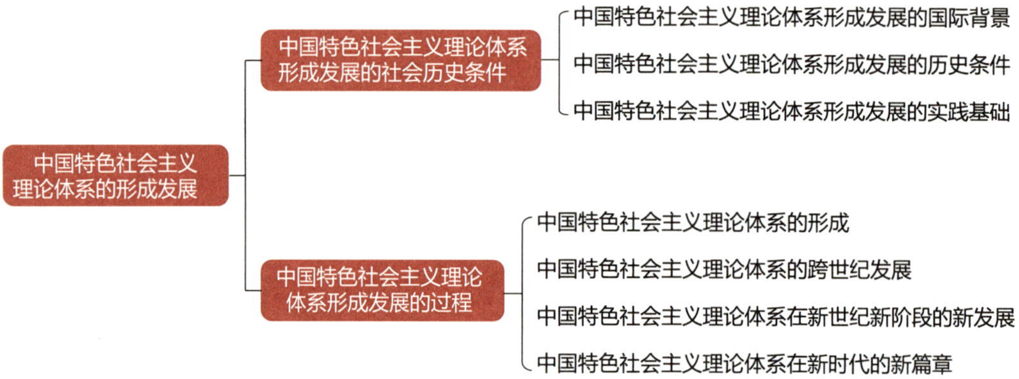

二、经典导入

《中国共产党第十二次全国代表大会开幕词》导读

1982 年 9 月召开的党的十二大，是进入改革开放新时期后党召开的第一次全国代表大会。

邓小平致大会开幕词。在开幕词中，邓小平通过回顾党的七大以来的发展历史，充分阐明了党的十二大的历史地位。尤其重要的是，邓小平对十一届三中全会以来社会主义现代化建设的指导思想作了新的理论概括，首次明确提出了“建设有中国特色的社会主义”这一科学命题。邓小平说：“我们的现代化建设，必须从中国的实际出发。无论是革命还是建设，都要注意学习和借鉴外国经验。但是，照抄照搬别国经验、别国模式，从来不能得到成功。这方面我们有过不少教训。把马克思主义的普遍真理同我国的具体实际结合起来，走自己的道路，建设有中国特色的社会主义，这就是我们总结长期历史经验得出的基本结论。”“建设有中国特色的社会主义”的提出，解决了中国的现代化建设走什么道路的问题，由此成为党和人民始终不渝高高举起的旗帜。

自从邓小平同志在党的十二大开幕词中提出“建设有中国特色的社会主义”这个崭新的科学命题以后，党的十三大以来的历次代表大会报告的主题词都是“中国特色社会主义”。党的十三大报告的题目是“沿着有中国特色的社会主义道路前进”；党的十四大报告的题目是“加快改革开放和现代化建设步伐，夺取有中国特色社会主义事业的更大胜利”；党的十五大报告的题目是“高举邓小平理论伟大旗帜，把建设有中国特色社会主义事业全面推向二十一世纪”；党的十六大报告的题目是“全面建设小康社会，开创中国特色社会主义事业新局面”；党的十七大报告的题目是“高举中国特色社会主义伟大旗帜　为夺取全面建设小康社会新胜利而奋斗”；党的十八大报告的题目是“坚定不移沿着中国特色社会主义道路前进　为全面建成小康社会而奋斗”；党的十九大报告的题目是“决胜全面建成小康社会　夺取新时代中国特色社会主义伟大胜利”；党的二十大报告的题目是“高举中国特色社会主义伟大旗帜　为全面建设社会主义现代化国家而团结奋斗”。

上述报告对中国特色社会主义的形成和发展、历史地位和指导意义，以及建设中国特色社会主义的改革和发展任务作了集中、全面、深刻的阐述，充分体现了“坚持和发展中国特色社会主义”这个当代中国发展进步的根本方向。

《中共中央关于党的百年奋斗重大成就和历史经验的决议》导读

2021年11月11日，中国共产党第十九届中央委员会第六次全体会议通过了《中共中央关于党的百年奋斗重大成就和历史经验的决议》（以下简称《决议》）。《决议》系统总结了党的百年奋斗的重大成就和历史经验，特别对改革开放以来中国特色社会主义建设中形成的马克思主义中国化时代化的理论成果进行了系统总结。

《决议》指出：“改革开放和社会主义现代化建设新时期，党面临的主要任务是，继续探索中国建设社会主义的正确道路，解放和发展社会生产力，使人民摆脱贫困、尽快富裕起来，为实现中华民族伟大复兴提供充满新的活力的体制保证和快速发展的物质条件。”“党的十一届三中全会以后，以邓小平同志为主要代表的中国共产党人，团结带领全党全国各族人民，深刻总结新中国成立以来正反两方面经验，围绕什么是社会主义、怎样建设社会主义这一根本问题，借鉴世界社会主义历史经验，创立了邓小平理论，解放思想，实事求是，作出把党和国家工作中心转移到经济建设上来、实行改革开放的历史性决策，深刻揭示社会主义本质，确立社会主义初级阶段基本路线，明确提出走自己的路、建设中国特色社会主义，科学回答了建设中国特色社会主义的一系列基本问题，制定了到二十一世纪中叶分三步走、基本实现社会主义现代化的发展战略，成功开创了中国特色社会主义。”

《决议》指出：“党的十三届四中全会以后，以江泽民同志为主要代表的中国共产党人，团结带领全党全国各族人民，坚持党的基本理论、基本路线，加深了对什么是社会主义、怎样建设社会主义和建设什么样的党、怎样建设党的认识，形成了‘三个代表’重要思想，在国内外形势十分复杂、世界社会主义出现严重曲折的严峻考验面前捍卫了中国特色社会主义，确立了社会主义市场经济体制的改革目标和基本框架，确立了社会主义初级阶段公有制为主体、多种所有制经济共同发展的基本经济制度和按劳分配为主体、多种分配方式并存的分配制度，开创全面改革开放新局面，推进党的建设新的伟大工程，成功把中国特色社会主义推向二十一世纪。”

《决议》指出：“党的十六大以后，以胡锦涛同志为主要代表的中国共产党人，团结带领全党全国各族人民，在全面建设小康社会进程中推进实践创新、理论创新、制度创新，深刻认识和回答了新形势下实现什么样的发展、怎样发展等重大问题，形成了科学发展观，抓住重要战略机遇期，聚精会神搞建设，一心一意谋发展，强调坚持以人为本、全面协调可持续发展，着力保障和改善民生，促进社会公平正义，推进党的执政能力建设和先进性建设，成功在新形势下坚持和发展了中国特色社会主义。”

《决议》指出，改革开放以来，党“从新的实践和时代特征出发坚持和发展马克思主义，科学回答了建设中国特色社会主义的发展道路、发展阶段、根本任务、发展动力、发展战略、政治保证、祖国统一、外交和国际战略、领导力量和依靠力量等一系列基本问题，形成中国特色社会主义理论体系，实现了马克思主义中国化新的飞跃”。

《决议》指出：“党的十八大以来，中国特色社会主义进入新时代。党面临的主要任务是，实现第一个百年奋斗目标，开启实现第二个百年奋斗目标新征程，朝着实现中华民族伟大复兴的宏伟目标继续前进。”

《决议》指出：“以习近平同志为主要代表的中国共产党人，坚持把马克思主义基本原理同中国具体实际相结合、同中华优秀传统文化相结合，坚持毛泽东思想、邓小平理论、“三个代表”重要思想、科学发展观，深刻总结并充分运用党成立以来的历史经验，从新的实际出发，创立了习近平新时代中国特色社会主义思想……习近平新时代中国特色社会主义思想是当代中国马克思主义、二十一世纪马克思主义，是中华文化和中国精神的时代精华，实现了马克思主义中国化新的飞跃。”

2022 年 10 月 22 日，中国共产党第二十次全国代表大会通过了《中国共产党章程（修正案）》，该修正案指出，邓小平理论、“三个代表”重要思想、科学发展观、习近平新时代中国特色社会主义思想是中国特色社会主义理论体系的重要组成部分。

三、理论答疑

中国特色社会主义理论体系的概括提出有何重大意义？

2007 年 10 月，党的十七大召开。胡锦涛作了题为“高举中国特色社会主义伟大旗帜　为夺取全面建设小康社会新胜利而奋斗”的报告。党的十七大的重大理论贡献是创造性地提出并深刻阐述了中国特色社会主义理论体系。

第一，明确了中国特色社会主义理论体系的内涵。中国特色社会主义理论体系，是我们党在新的时代条件下，坚持马克思主义的思想路线，不断探索和回答什么是社会主义、怎样建设社会主义，建设什么样的党、怎样建设党，实现什么样的发展、怎样发展等重大理论和实际问题而形成的科学理论体系。在探索和回答这三个方面重大问题的过程中，我们党形成了中国特色社会主义理论体系的一系列重大理论观点、重大战略思想。这些重大理论观点和重大战略思想涉及建设中国特色社会主义的发展道路、发展阶段、根本任务、发展动力、发展战略、政治保证、祖国统一、外交和国际战略、领导力量和依靠力量等一系列基本问题。对每一个重大问题的探索和回答，都经历了一个不断深化、不断创新、不断发展的过程。这些重大理论观点和重大战略思想表明我们党对共产党执政规律、社会主义建设规律、人类社会发展规律的认识达到了新的理论高度。

第二，强调了中国特色社会主义理论体系的开放性。党的十七大报告指出：“中国特色社会主义理论体系是不断发展的开放的理论体系。《共产党宣言》发表以来近一百六十年的实践证明，马克思主义只有与本国国情相结合、与时代发展同进步、与人民群众共命运，才能焕发出强大的生命力、创造力、感召力。在当代中国，坚持中国特色社会主义理论体系，就是真正坚持马克思主义。实践永无止境，创新永无止境。”党的十一届三中全会以后，以邓小平同志为主要代表的中国共产党人，总结中华人民共和国成立以来正反两方面的经验，借鉴世界社会主义历史经验，坚持解放思想、实事求是，逐步形成了建设中国特色社会主义的路线、方针、政策，深刻阐明了在中国建设社会主义、巩固和发展社会主义的基本问题，创立了邓小平理论。邓小平理论是中国特色社会主义理论体系的奠基之作。党的十三届四中全会以后，以江泽民同志为主要代表的中国共产党人，在继承和发展邓小平理论的基础上，在全面推进中国特色社会主义伟大事业的实践中，深化了对什么是社会主义、怎样建设社会主义和建设什么样的党、怎样建设党的认识，积累了治党治国新的宝贵经验，形成了“三个代表”重要思想。“三个代表”重要思想是中国特色社会主义理论体系中承上启下的极其重要的组成部分。党的十六大以后，以胡锦涛同志为主要代表的中国共产党人，坚持以邓小平理论和“三个代表”重要思想为指导，根据新的发展要求，深刻认识和回答了新形势下实现什么样的发展、怎样发展等重大问题，形成了科学发展观。邓小平理论、“三个代表”重要思想和科学发展观等重大战略思想作为有机的整体，共同组成了中国特色社会主义理论体系。

第三，指出了中国特色社会主义理论体系的地位和意义。这个理论体系，坚持和发展了马克思列宁主义、毛泽东思想，凝结了几代中国共产党人带领人民不懈探索实践的智慧和心血，是党最宝贵的政治和精神财富，是全国各族人民团结奋斗的共同思想基础，必须倍加珍惜、长期坚持和不断发展。

这一体系的正式提出对于全党全国各族人民在新时期新的历史起点上统一认识、统一行动、夺取全面建设小康社会新胜利、开创中国特色社会主义新局面意义重大。

四、实践课堂

影像巨变——“我看我家新变化”改革开放主题影像作品展示

（一）实践目标

改革开放四十余年的伟大实践，在大时代的转折中书写了雄浑的乐章，也在亿万人的生活里积淀下深沉的记忆。通过开展“我看我家新变化”改革开放主题影像作品征集，展现家乡、家庭、家人等的变化，让生活在新时代的大学生更直接、更深刻地感受到改革开放对推动社会经济持续发展和改善人民生活水平的重大意义，肩负起全面深化改革开放的时代使命，奋力书写出无愧于时代的壮丽篇章。

（二）实践方案

第一步　小组组队+资料搜集

1. 班级内以小组为单位进行实践，每组由4~6名学生自由完成组队。

2. 每组通过阅读文献、查找网络资料、实地探访、访谈等途径探索家乡、家庭和家人改革开放以来发生的巨大变化，并通过拍摄短视频或照片的方式予以记录。

第二步　完成作业

1. 小组自由选择以短视频访谈或对比照片的方式提交作业。

2. 短视频要求时长5~10分钟，内容除影像外还须包含对被拍摄者的访谈，或自行对视频内容配音解说。每一组须提交一份视频作业，视频格式为MP4，视频文件命名为“组号+作业主题、形式”，如“第一组+‘我看我家新变化’短视频”。

对比图片要求小组每位成员均提供至少一组对比图（图片格式为JPG），需对图片附文字介绍，由组长收齐后整理为一份文档，以Word文档形式提交，Word文档命名为“组号+作业主题、形式”，如“第一组+‘我看我家新变化’摄影作品”。

第三步　课堂展示

每小组按照抽签顺序，由小组组长依次上台，结合提交的作业进行汇报分享。

（三）实践评价

任课教师对各小组的实践活动进行点评，并根据考核评价标准给出各小组实践作业分数。考核评分表见附件。

附件：

影像巨变——“我看我家新变化”改革开放主题影像作品展示活动短视频考核评分表

<table>
<tr><th>评分项目</th><th>评分标准描述</th><th>分值</th><th>教师评分</th><th>评价标准（满分 100 分）</th><th>考核等级</th></tr>
<tr><td>内容主题</td><td>1. 短视频内容属原创，紧扣主题
2. 短视频内容具有思想价值和现实意义</td><td>20 分</td><td></td><td rowspan="4">优：≥90 分
良：75~89 分
中：60~74 分
差：≤59 分</td><td rowspan="4"></td></tr>
<tr><td>视频拍摄</td><td>1. 短视频格式、时长符合要求
2. 画面清晰流畅，图像稳定，镜头衔接顺畅，剪辑精当
3. 视频声音清楚，字幕匹配准确，配乐恰当</td><td>40 分</td><td></td></tr>
<tr><td>表现效果</td><td>1. 声音洪亮，表情自然
2. 脱稿汇报，表述流畅
3. 感情投入，感染力强</td><td>20 分</td><td></td></tr>
<tr><td>团队合作</td><td>1. 全员参与
2. 分工合理
3. 配合默契度高</td><td>20 分</td><td></td></tr>
<tr><td colspan="6">教师点评：

教师签名：
年　月　日</td></tr>
</table>

影像巨变——“我看我家新变化”改革开放主题
影像作品展示活动摄影作品考核评分表

评分项目	评分标准描述	分值	教师评分	评价标准（满分 100 分）	考核等级
内容主题	1. 摄影作品内容属原创，紧扣主题 2. 摄影作品具有思想价值和现实意义	20 分		优：≥90 分 良：75~89 分 中：60~74 分 差：≤59 分	
照片拍摄	1. 摄影作品格式、数量符合要求 2. 拍摄技巧熟练，照片清晰、具有创意 3. 图文搭配合理，整体视觉效果好	40 分			
表现效果	1. 声音洪亮，表情自然 2. 脱稿汇报，表述流畅 3. 感情投入，感染力强	20 分			
团队合作	1. 全员参与 2. 分工合理 3. 配合默契度高	20 分			
教师点评： 教师签名： 年 月 日					

扫码学习
拓展阅读

五、巩固训练

（一）单项选择题

1. 20 世纪 70 年代，整个世界发生着大变动大调整，时代主题是（　　）。

A. 革命与战争　　B. 和平与发展　　C. 合作与共赢　　D. 开放与融通

2. 科技进步日新月异，以（　　）为核心的高新技术的发展，极大地改变了人们的生产、生活方式和国际经济、政治关系。

A. 经济革命　　B. 信息技术　　C. 全球化　　D. 多极化

3. 1956 年，随着苏共二十大的召开和波兰、匈牙利事件的发生，（　　）的弊端初步暴露出来。

A. 社会主义　　B. 大跃进　　C. 苏联模式　　D. 人民公社化

4. 党的十一届三中全会以后，以（　　）同志为主要代表的中国共产党人，领导全党和全国人民果断地纠正了社会主义建设过程中存在的错误，深刻地分析了错误出现的原因，同时又坚决地维护和继承了过去在理论上和实践上所取得的一切积极成果。

A. 邓小平　　B. 陈云　　C. 叶剑英　　D. 江泽民

5. 以胡锦涛同志为主要代表的中国共产党人，创造性地回答了（　　）这一重大问题。

A. 什么是社会主义、怎样建设社会主义

B. 建设什么样的党、怎样建设党

C. 实现什么样的发展、怎样发展

D. 什么是马克思主义、怎样发展马克思主义

6. 我国改革从（　　）率先突破，逐步转向城市经济体制改革并全面铺开，确立社会主义市场经济的改革方向。

A. 计划经济为主，市场经济为辅　　B. 计划少一点，市场多一点

C. 包干到户　　D. 农村实行家庭联产承包责任制

7. 1978 年 12 月召开的党的十一届三中全会，重新确立了（　　）的思想路线，彻底否定了“以阶级斗争为纲”的错误理论和实践。

A. 实事求是　　B. 群众路线　　C. 独立自主　　D. 解放思想

8. 1982 年邓小平在党的十二大开幕词中明确提出：走自己的道路，（　　）。

A. 建设社会主义市场经济　　B. 建设有中国特色的社会主义

C. 实现马克思主义中国化时代化　　D. 建设社会主义初级阶段

9. 1987 年召开的党的十三大，第一次比较系统地论述了我国社会主义初级阶段理论，明确概括和全面阐发了党的（　　）的基本路线。

A. 社会主义全面发展　　B. “三步走”

C. “一个中心、两个基本点”　　D. “四项基本原则”

10. 南方谈话是（　　）的集大成之作，从理论上深刻地回答了当时困扰和束缚人们思想的一系列重大问题，推动改革开放和社会主义现代化建设进入新阶段。

A. 毛泽东思想　　B. 邓小平理论

C. “三个代表”重要思想　　D. 科学发展观

11. 我们党能够取得这样的胜利，根本原因是在十四年的伟大实践中，坚持把（　　）同中国具体实际相结合，逐步形成和发展了建设有中国特色社会主义的理论。

A. 马克思列宁主义　　B. 毛泽东思想

C. 马克思主义基本原理　　D. 科学社会主义

12. 1997 年召开的党的（　　）正式提出“邓小平理论”这一概念，深刻阐述了邓小平理论的历史地位和指导意义，进一步论述了邓小平对这一理论的创立作出的独创性贡献。

A. 十四大　　B. 十五大　　C. 十六大　　D. 十七大

13.（　　）的宪法修正案正式将邓小平理论载入宪法。

A. 1998 年　　B. 1999 年　　C. 2000 年　　D. 2001 年

14. 首次对“三个代表”进行了比较全面的阐述的是（　　）。

A. 1989 年党的十四届三中全会

B. 1997 年党的十五大

C. 2000 年，江泽民在广东考察工作时

D. 2001 年 7 月 1 日，江泽民在庆祝中国共产党成立 80 周年大会上的讲话

15. 2002 年 11 月，党的（　　）将“三个代表”重要思想同马克思列宁主义、毛泽东思想和邓小平理论一道确立为党必须长期坚持的指导思想，并写入党章，实现了我们党指导思想的又一次与时俱进。

A. 十五大　　B. 十六大　　C. 十七大　　D. 十八大

16. 党的文件中第一次提出科学发展观是在（　　）。

A. 党的十六大　　B. 党的十六届三中全会

C. 党的十六届四中全会　　D. 党的十七大

17. 党的（　　）把科学发展观写入党章，科学发展观进一步走向成熟。

A. 十六大　　B. 十七大　　C. 十八大　　D. 十九大

18. 2017 年，党的（　　）把习近平新时代中国特色社会主义思想确立为党必须长期坚持的指导思想并庄严地写入党章，实现了党的指导思想的与时俱进。

A. 十七大　　B. 十八大　　C. 十九大　　D. 二十大

19. 2018 年，（　　）通过的宪法修正案，郑重地把习近平新时代中国特色社会主义思想载入宪法，实现了国家指导思想的与时俱进。

A. 十三届全国人大一次会议　　B. 十三届全国人大二次会议

C. 十四届全国人大一次会议　　D. 十四届全国人大二次会议

20. 2008 年 12 月，中央召开经济工作会议，强调科学发展观的第一要义是（　　），越是在经济发展面临较大困难的时候，我们越是要坚定不移地贯彻发展是硬道理的战略思想。

A. 发展　　B. 开放　　C. 改革　　D. 以人为本

（二）多项选择题

1. 我国在社会主义建设初期走了不少弯路、犯了不少错误，其深层原因是（　　）。

A. 经济上急于求成、盲目求纯和急于过渡

B. 在政治上坚持以阶级斗争为纲

C. 偏离了党的实事求是的思想路线

D. 对什么是社会主义和如何建设社会主义的问题没有完全搞清楚

2. 党的十八大以来，（　　）正以前所未有的方式展开，世界百年未有之大变局加速演进。

A. 世界之变　　B. 时代之变　　C. 历史之变　　D. 人类之变

3. 新世纪新阶段，我国进入（　　），经济社会发展呈现一系列新的阶段性特征。

A. 发展关键期　　B. 改革攻坚期　　C. 开放活跃期　　D. 矛盾凸显期

4. 中国特色社会主义进入新时代，意味着中国特色社会主义（　　）不断发展，拓展了发展中国家走向现代化的途径，给世界上那些既希望加快发展又希望保持自身独立性的国家和民族提供了全新选择，为解决人类问题贡献了中国智慧和中国方案。

A. 道路　　B. 理论　　C. 制度　　D. 文化

5. 以习近平同志为核心的党中央以伟大的历史主动精神、巨大的政治勇气、强烈的责任担当，统筹国内国际两个大局，统揽（　　），创立习近平新时代中国特色社会主义思想，明确坚持和发展中国特色社会主义的基本方略，提出一系列治国理政新理念新思想新战略，实现了马克思主义中国化时代化新的飞跃。

A. 伟大斗争　　B. 伟大工程　　C. 伟大事业　　D. 伟大梦想

6. 2002 年 5 月，江泽民在中共中央党校省部级干部进修班毕业典礼上深刻阐述了“三个代表”重要思想的内在联系，提出贯彻“三个代表”重要思想，（　　）。

A. 关键在坚持与时俱进　　B. 核心在坚持党的先进性

C. 本质在坚持执政为民　　D. 目标在坚持党的宗旨

7. 以习近平同志为核心的党中央统筹把握（　　），坚持把马克思主义基本原理同中国具体实际相结合、同中华优秀传统文化相结合。

A. 中华民族伟大复兴战略全局　　B. 世界百年未有之大变局

C. 中华民族伟大复兴　　D. 中国特色社会主义的前进方向

8. 习近平新时代中国特色社会主义思想科学回答了（　　）等重大时代课题。

A. 新时代坚持和发展什么样的中国特色社会主义、怎样坚持和发展中国特色社会主义

B. 建设什么样的社会主义现代化强国、怎样建设社会主义现代化强国

C. 建设什么样的长期执政的马克思主义政党、怎样建设长期执政的马克思主义政党

D. 实现什么样的人类发展、怎样实现人类发展

9. 习近平新时代中国特色社会主义思想是（　　）。

A. 当代中国马克思主义　　B. 21 世纪马克思主义

C. 创新的马克思主义　　D. 时代的马克思主义

10. 中国特色社会主义理论体系是中国共产党长期探索的伟大理论创造，同（　　）一脉相承又与时俱进，是马克思主义中国化时代化的重大理论成果。

A. 空想社会主义　　B. 科学社会主义

C. 马克思列宁主义　　D. 毛泽东思想

（三）判断题

1. 1982 年邓小平在党的十二大开幕词中明确提出：走自己的路，建设有中国特色的社会主义。（　　）

2. 改革开放和社会主义现代化建设新时期，党面临的主要任务是，继续探

索中国建设社会主义的正确道路，解放和发展社会生产力，使人民摆脱贫困、尽快富裕起来，为实现中华民族伟大复兴提供充满新的活力的体制保证和快速发展的物质条件。(　　)

3. 毛泽东思想是中国特色社会主义理论体系重要组成部分。(　　)

4. 中国特色社会主义理论体系是马克思主义中国化时代化的第一次历史性飞跃。(　　)

5. 党的十六大提出了“中国特色社会主义理论体系”的科学概念。(　　)

6. 在党的十六大报告中，江泽民同志把社会主义物质文明、政治文明、生态文明一起确立为社会主义现代化全面发展的三大基本目标。(　　)

7. 全面深化改革的总目标是完善和发展中国特色社会主义制度，推进国家治理体系和治理能力现代化。(　　)

8. 中国特色社会主义道路是当代中国发展进步的根本制度保障。(　　)

9. 习近平新时代中国特色社会主义思想的主要内容是党的十九大、十九届六中全会提出的“十个明确”“十四个坚持”“十三个方面成就”。(　　)

10. 科学发展观成功把中国特色社会主义推向21世纪。(　　)

(四) 简答题

1. 中国特色社会主义理论体系包括哪些重大理论成果?

2. 建设中国特色社会主义的十条基本经验是什么?

第六章　邓小平理论

一、逻辑脉络

- 邓小平理论
  - 邓小平理论首要的基本的理论问题和精髓
    - 邓小平理论首要的基本的理论问题：建设什么样的社会主义，怎样建设社会主义
    - 邓小平理论的精髓：解放思想、实事求是
  - 邓小平理论的主要内容
    - 社会主义初级阶段理论和党的基本路线
    - 社会主义根本任务和发展战略理论
    - 社会主义改革开放和社会主义市场经济理论
    - “两手抓，两手都要硬”
    - “一国两制”与祖国统一
    - 中国特色社会主义外交和国际战略
    - 党的建设理论
  - 邓小平理论的历史地位
    - 马克思列宁主义、毛泽东思想的继承和发展
    - 中国特色社会主义理论体系的开篇之作
    - 改革开放和社会主义现代化建设的科学指南

二、经典导入

《解放思想，实事求是，团结一致向前看》导读

1978 年 11 月 10 日至 12 月 15 日，中共中央在北京召开工作会议，为党的十一届三中全会做准备。按照事先计划，中央工作会议的主要议题是农业和未来两年国民经济计划的安排，把全党工作的重心转移到社会主义现代化建设上来。最初拟定的闭幕会讲话稿初稿的主要内容是结合当前实际论述工作重心转移的战略方针和实事求是的思想路线。但在分组讨论中，许多老一辈革命家在会上纷纷发言，要求解放思想，纠正“左”的错误，解决历史遗留问题，平反冤假错案，以真正达到全党、全军、全国各族人民的团结。邓小平敏锐地意识到，会议形势已经发生了明显的变化，大家对工作重心转移的问题意见比较一致；原来准备的讲话稿中着重讲的重心转移问题不需要特别加以强调了，解放思想等问题，原来的讲法显得不够，可以进一步结合现实存在的问题讲得更加深透。同时，在历史转折关头，许多新的情况、新的问题凸显出来，需要党的领导人抓住机遇，及时提出，作出回答，指明方向。会议期间，中央政治局解决了一大批重大历史遗留问题，平反了许多冤假错案，一批久经历练、德高望重的领导干部再度出山，为改革开放做了干部队伍准备。

在这种情况下，邓小平决定重新起草讲话稿，进一步结合现实将存在的问题讲得更加深透。邓小平亲自拟定了《解放思想，实事求是，团结一致向前看》的讲话提纲。邓小平在提纲中列出了七个问题：“一、解放思想，开动机器。二、发扬民主，加强法制。三、向后看是为的向前看。四、克服官僚主义、人浮于事。五、允许一部分先好起来。六、加强责任制，搞几定。七、新的问题。”在提纲的最前边，他还加了“对会议的评价”这个问题。据于光远回忆，讲话稿的题目也是邓小平亲自提出的。初稿形成后，邓小平召集人员对讲话稿进行了逐字逐句的审读修改、文字润色，形成终稿。对比讲话稿与提纲可以看出，从思想观点、逻辑结构到主要观点的文字表述，讲话稿都是根据提纲写成的。

1978 年 12 月 13 日，在中央工作会议闭幕会上，邓小平指出，首先是解放

思想，只有思想解放了，才能正确地以马克思列宁主义、毛泽东思想为指导，解决过去遗留的问题。发出了振聋发聩的改革强音："再不实行改革，我们的现代化事业和社会主义事业就会被葬送。"《解放思想，实事求是，团结一致向前看》重要讲话对中央工作会议提出的正确意见作了肯定和总结，也为党的工作重心转移后所面临的重大任务提出了具体的指导方针和原则，在实际上为即将召开的党的十一届三中全会做出工作重心转移决定做了充分准备，成为会议的主题报告，被誉为"开辟新时期新道路、开创建设有中国特色的社会主义新理论的宣言书"。

《在武昌、深圳、珠海、上海等地的谈话要点》导读

1992年1月18日至2月21日，邓小平先后视察武昌、深圳、珠海、上海等地，并多次发表谈话。《在武昌、深圳、珠海、上海等地的谈话要点》共六个部分。

谈话强调，革命是解放生产力，改革也是解放生产力。要坚持党的十一届三中全会以来的路线、方针、政策，关键是坚持"一个中心、两个基本点"。不坚持社会主义，不改革开放，不发展经济，不改善人民生活，只能是死路一条。党的基本路线要管一百年，动摇不得。改革开放胆子要大一些，敢于试验。看准了的，就大胆地试，大胆地闯。改革开放迈不开步子，不敢闯，说来说去就是怕资本主义的东西多了，走了资本主义道路。要害是姓"资"还是姓"社"的问题。判断的标准，应该主要看是否有利于发展社会主义社会的生产力，是否有利于增强社会主义国家的综合国力，是否有利于提高人民的生活水平。计划多一点还是市场多一点，不是社会主义与资本主义的本质区别。计划经济不等于社会主义，资本主义也有计划；市场经济不等于资本主义，社会主义也有市场。计划和市场都是经济手段。社会主义的本质是解放生产力，发展生产力，消灭剥削，消除两极分化，最终达到共同富裕。中国要抓住时机，发展自己，关键是发展经济。发展才是硬道理。必须依靠科技和教育，经济发展才能快一点。要坚持两手抓，一手抓改革开放，一手抓打击各种犯罪活动。两只手都要硬。在整个改革开放过程中必须始终注意坚持四项基本原则，必须反对腐败，

廉政建设要作为大事来抓。中国的事情能不能办好，国家能不能长治久安，从一定意义上说，关键在人，说到底，关键是我们共产党内部要搞好。我们搞社会主义才几十年，还处在初级阶段。巩固和发展社会主义制度，需要几代人、十几代人，甚至几十代人坚持不懈地努力奋斗。从现在起到下世纪中叶，将是很要紧的时期，我们要埋头苦干。

三、理论答疑

（一）如何理解邓小平提出的“建设有中国特色的社会主义”的重大崭新命题？

党的十一届三中全会以后，邓小平站在时代要求、国家发展、人民期待的高度，紧紧抓住“什么是社会主义、怎样建设社会主义”这个基本问题，同中央领导集体一起，领导我们党作出一系列重大决策，把改革开放和社会主义现代化建设一步一步向前推进。1979 年 3 月，邓小平在党的理论工作务虚会上发表《坚持四项基本原则》的讲话，提出：“过去搞民主革命，要适合中国情况，走毛泽东同志开辟的农村包围城市的道路。现在搞建设，也要适合中国情况，走出一条中国式的现代化道路。”中国式的现代化，必须从中国的特点出发。

1982 年 9 月 1 日至 11 日，党的十二大在北京举行。邓小平指出：“我们的现代化建设，必须从中国的实际出发。无论是革命还是建设，都要注意学习和借鉴外国经验。但是，照抄照搬别国经验、别国模式，从来不能得到成功。这方面我们有过不少教训。把马克思主义的普遍真理同我国的具体实际结合起来，走自己的道路，建设有中国特色的社会主义，这就是我们总结长期历史经验得出的基本结论。中国的事情要按照中国的情况来办，要依靠中国人自己的力量来办。独立自主，自力更生，无论过去、现在和将来，都是我们的立足点。”“建设有中国特色的社会主义”的重大崭新命题，回答了进入改革开放新时期后走什么样的道路这一全党和全国人民最为关心的重大问题，成为指引改革开放和社会主义现代化建设的伟大旗帜。

党的十二大提出来的“有中国特色的社会主义”，从党的十四大开始改称为“有中国特色社会主义”，从党的十六大开始，改称为“中国特色社会主义”。

（二）如何理解建立社会主义市场经济体制是伟大创举？

1992 年 10 月召开的党的十四大，确定我国经济体制改革的目标是建立社会主义市场经济体制。大会指出，我国经济体制改革确定什么样的目标模式，是关系整个社会主义现代化建设全局的一个重大问题。这个问题的核心，是正确认识和处理计划与市场的关系。实践的发展和认识的深化，要求党明确提出我国经济体制改革的目标是建立社会主义市场经济体制，以利于进一步解放和发展生产力。我国要建立的社会主义市场经济体制是同社会主义基本制度结合在一起的，目的就是要使市场在社会主义国家宏观调控下对资源配置起基础性作用，使经济活动遵循价值规律的要求，适应供求关系的变化。

党的十四大后，人们对为什么要在“市场经济”前面加“社会主义”四个字，仍然存在不同认识。对此，江泽民明确指出：“‘社会主义’这几个字是不能没有的，这并非多余，并非画蛇添足，而恰恰相反，这是画龙点睛。所谓‘点睛’，就是点明我们的市场经济的性质。……我们的创造性和特色也就体现在这里。”这就表明我国的社会主义市场经济体制，必须与国情相结合，不可能与西方国家的完全一样，不能照搬照抄；社会主义市场经济体制既有一般市场经济的共性，又有我国的显著特征，必须处理好加强宏观调控和发挥市场作用的关系。

1993 年 11 月，党的十四届三中全会通过了《中共中央关于建立社会主义市场经济体制若干问题的决定》，把党的十四大提出的经济体制改革目标和基本原则进一步具体化，制定了建立社会主义市场经济体制的总体规划，其基本框架为：在坚持以公有制为主体、多种经济成分共同发展的基础上，建立现代企业制度、全国统一开放的市场体系、完善的宏观调控体系、合理的收入分配制度和多层次的社会保障制度。此后，我国经济体制改革开始向着建立社会主义市场经济体制的目标整体性推进。这些年来，我们党不断深化对政府和市场关系的认识，逐步形成了“使市场在资源配置中起决定性作用和更好发挥政府作用”的定位，使社会主义市场经济体制更加完善。

社会主义能否搞市场经济？这是一个世界性难题，马克思主义经典作家没有讲过，西方经济学家认为二者互不兼容。我们党立足中国国情和发展阶段，创造性地把社会主义基本制度与市场经济结合起来，建立社会主义市场经济体制，是改革开放以来艰辛探索的结果，是前无古人的伟大创举。

这是中国共产党人对马克思主义的重大发展。长期以来，我们党一直把计划经济看作社会主义的本质特征，把市场经济看作资本主义独有的，认为要坚持社会主义就必须排斥市场经济。改革开放以来，我们党从我国社会主义初级阶段的实际出发，在建设社会主义市场经济体制的伟大实践中积极推进理论创新、制度创新和体制创新，探索出一条公有制经济与市场经济相结合的有效途径，用新的理论和实践丰富和发展了马克思主义政治经济学。

这是社会主义发展史上的重大突破。世界上第一个社会主义国家苏联建立了以计划经济为特征的社会主义建设模式，既取得了伟大成就，也有过沉痛教训。改革开放后，我们党深刻总结社会主义建设正反两方面的经验，回答了“什么是社会主义、怎样建设社会主义”的根本问题，找到了通过社会主义市场经济发展生产力的正确道路，促进了我国社会生产力的大解放大发展。

四、实践课堂

【方案一】思维启发——“解放思想、实事求是对中国发展的重大意义”分享活动

（一）实践目标

通过了解中国历史上几次思想解放运动与社会发展的关系，讨论分析解放思想、实事求是在党和国家发展中的重大作用。

（二）实践方案

第一步　小组组队+资料搜集

1. 班级内以小组为单位进行实践，每组由4~6名学生自由完成组队。

2. 每组通过阅读文献、查阅参考资料（附件1）、查找网络资料等途径探索中国历史上思想解放运动与社会发展的关系，对搜集到的资料进行整理并制作成课件，进行课堂展示。

第二步　完成作业

1. 小组以课件的形式提交作业。

2. 课件要求图文并茂，内容需基本包含“解放思想、实事求是对当代中国发展的重大意义”“解放思想、实事求是对青年大学生的启示”“青年大学生如何在学习和生活中做到解放思想、实事求是”等。文件命名为“组号+实践主题”，如“第一组+解放思想、实事求是对中国发展的重大意义”。

第三步　课堂展示

每小组按照抽签顺序，由小组组长依次上台进行汇报分享，课堂展示时间为5~10分钟。

（三）实践评价

任课教师对各小组的实践活动进行点评，并根据考核评价标准给出各小组实践作业分数。考核评分表见附件2。

附件1：

中国历史上主要的思想解放运动

百家争鸣	春秋战国时期出现的诸子百家思想碰撞、相互争鸣、盛况空前的学术局面。百家争鸣是中国历史上第一次大规模的思想解放运动，在中国思想发展史上占有重要的地位，有力地推动了中国历史的发展
新文化运动	20世纪初反对封建文化的思想启蒙运动。“五四”以后的新文化运动成为宣传马克思主义及各种社会主义流派的思想运动，使旧民主主义的文化运动转变为由马克思主义理论指导的新民主主义的文化运动
延安整风	一次伟大的思想解放运动，使一切从实际出发、理论联系实际、实事求是的马克思主义思想路线在全党范围内确立了起来。为夺取抗战胜利和民主革命的胜利，奠定了重要的思想政治基础
《解放思想，实事求是，团结一致向前看》主题报告	重新确立了马克思主义的思想路线，保证了党的十一届三中全会的成功召开和伟大历史转折的顺利实现，被誉为“开辟新时期新道路、开创建设有中国特色的社会主义新理论的宣言书”
南方谈话	在国际国内政治风波严峻考验的重大历史关头，坚持十一届三中全会以来的理论和路线，深刻回答长期束缚人们思想的许多重大认识问题，是把改革开放和现代化建设推进到新阶段的又一个解放思想、实事求是的宣言书

续表

“第二个结合”——马克思主义基本原理同中华优秀传统文化相结合	习近平总书记在庆祝中国共产党成立100周年大会上首次提出“把马克思主义基本原理同中国具体实际相结合、同中华优秀传统文化相结合”。其中“第二个结合”是党对马克思主义中国化时代化历史经验的深刻总结和对中华文明发展规律的深刻把握。 习近平总书记在文化传承发展座谈会上指出，“结合”打开了创新空间，“第二个结合”让我们掌握了思想和文化主动，并有力地作用于道路、理论和制度。“第二个结合”是又一次的思想解放，让我们能够在更广阔的文化空间中，充分运用中华传统文化的宝贵资源，探索面向未来的理论和制度创新

附件 2：

思维启发——“解放思想、实事求是对中国发展的重大意义”分享活动考核评分表

评分项目	评分标准描述	分值	教师评分	评价标准（满分 100 分）	考核等级
内容主题	1. 内容紧扣主题 2. 具有思想价值和现实意义	20 分		优：≥90 分 良：75~89 分 中：60~74 分 差：≤59 分	
课件制作	1. 图文并茂，精致美观 2. 页面简洁，条理清晰 3. 使用动画、特效等创新技巧	40 分			
表现效果	1. 声音洪亮，表情自然 2. 脱稿汇报，表述流畅 3. 与同学、教师进行互动 4. 感情投入，感染力强	20 分			
团队合作	1. 全员参与 2. 分工合理 3. 配合默契度高	20 分			
教师点评： 教师签名： 年 月 日					

【方案二】走近伟人——青年说“邓小平的故事”分享活动

（一）实践目标

通过收集并学习邓小平的生涯事迹、传记故事，加深对历史伟人的了解和认识，传承伟人精神，感悟伟人力量，赓续红色血脉，坚定理想信念，勇担青春使命。

（二）实践方案

第一步　小组组队+资料搜集

1. 班级内以小组为单位进行实践，每组由4~6名学生自由完成组队。

2. 每组通过阅读文献、查找网络资料等途径了解邓小平的人生经历和生平故事，对搜集到的资料进行整理，选择其中一个或几个故事制作成课件，进行课堂展示。

第二步　完成作业

1. 小组以课件的形式提交作业。

2. 课件要求图文并茂，内容需包含讲述的“邓小平的故事”及通过学习邓小平故事所获得的启发等，要求至少讲述一个故事，不设上限。文件命名为“组号+故事标题”，如“第一组+邓小平的旅欧岁月”。

第三步　课堂展示

每小组按照抽签顺序，由小组组长依次上台进行汇报分享，课堂展示时间为10分钟。

（三）实践评价

任课教师对各小组的实践活动进行点评，并根据考核评价标准给出各小组实践作业分数。考核评分表见附件3。

附件 3：

走近伟人——青年说“邓小平的故事”分享活动考核评分表

<table>
<tr><th>评分项目</th><th>评分标准描述</th><th>分值</th><th>教师评分</th><th>评价标准
（满分 100 分）</th><th>考核等级</th></tr>
<tr><td>内容主题</td><td>1. 内容紧扣主题
2. 具有思想价值和现实意义</td><td>20 分</td><td></td><td rowspan="4">优：≥90 分
良：75~89 分
中：60~74 分
差：≤59 分</td><td rowspan="4"></td></tr>
<tr><td>课件制作</td><td>1. 图文并茂，精致美观
2. 页面简洁，条理清晰
3. 使用动画、特效等创新技巧</td><td>40 分</td><td></td></tr>
<tr><td>表现效果</td><td>1. 声音洪亮，表情自然
2. 脱稿汇报，表述流畅
3. 与同学、教师进行互动
4. 感情投入，感染力强</td><td>20 分</td><td></td></tr>
<tr><td>团队合作</td><td>1. 全员参与
2. 分工合理
3. 配合默契度高</td><td>20 分</td><td></td></tr>
<tr><td colspan="6">教师点评：

教师签名：
年　月　日</td></tr>
</table>

【方案三】改革之音——“歌曲中的改革开放”歌唱活动

（一）实践目标

歌曲是改革开放生机与活力的记录者之一，见证着这一豪迈壮举的光荣与梦想，是改革开放史的真实写照。通过传唱欣赏一首首属于这个时代的经典金曲，切实感受改革开放东风下的现代化建设热潮，汲取改革开放锐意进取的磅礴精神力量，坚定中国特色社会主义道路自信，进而为全面建成社会主义现代化强国和实现中华民族伟大复兴注入无限生机与活力。

（二）实践方案

第一步 小组组队

班级内以小组为单位进行实践，每组由10~12名学生自由完成组队。

第二步 资料搜集+歌唱练习

1. 每组从教师提供的曲目单（附件4）中选定一首作为展示歌曲。
2. 搜集歌曲创作的时代背景、时代意义等关键信息。
3. 小组成员共同做好歌唱练习。

第三步 课堂展示

每小组按照抽签顺序，依次上台进行歌曲演唱，在展示后由小组组长讲述所选歌曲的时代背景、时代意义及演唱体会。

（三）实践评价

任课教师根据各小组的歌唱展示情况及对歌曲创作背景、内容、意义等的理解分析，依据考核评价标准给出各小组实践作业分数。考核评分表见附件5。

附件4

曲目单

1.《春天的故事》——由蒋开儒、叶旭全作词，王佑贵作曲，张宏光编曲
2.《在希望的田野上》——由陈晓光作词，施光南作曲
3.《七子之歌—澳门》——由闻一多作词，李海鹰作曲
4.《乡恋》——由马靖华作词，张丕基作曲、编曲
5.《我爱你，中国》——由瞿琮作词，郑秋枫作曲

续表

6.《科学的春天来到了》——由吕金藻作词，尚德义作曲
7.《我们的生活充满阳光》——由秦志钰等作词，吕远、唐诃作曲
8.《祝酒歌》——由韩伟作词，施光南作曲
9.《请到天涯海角来》——由郑南作词，徐东蔚作曲
10.《年轻的朋友来相会》——由张枚同作词，谷建芬作曲
11.《东方之珠》——由罗大佑作词、作曲

附件5：

改革之音——“歌曲中的改革开放”歌唱活动考核评分表

评分项目	评分标准描述	分值	教师评分	评价标准（满分100分）	考核等级
精神面貌	1. 歌声洪亮 2. 吐字清晰 3. 精神饱满	20分		优：≥90分 良：75~89分 中：60~74分 差：≤59分	
歌唱表现	1. 歌声优美，表现力强 2. 理解曲意，感情投入	40分			
内容讲述	1. 逻辑清晰，内容准确 2. 理解深刻，体会真挚	20分			
团队合作	1. 全员参与 2. 分工合理，队形整齐 3. 配合默契度高	20分			
教师点评： 教师签名： 年 月 日					

扫码学习

拓展阅读

五、巩固训练

（一）单项选择题

1. 在1978年中央工作会议上，邓小平强调指出，如果现在再不实行改革，我们的现代化事业和社会主义事业就会被葬送。这个讲话实际上成为此后党的十一届三中全会召开时的主题报告（　　），也是新时期解放思想、实事求是的宣言书。

A.《目前的形势和任务》

B.《坚持四项基本原则》

C.《解放思想，实事求是，团结一致向前看》

D.《在武昌、深圳、珠海、上海等地的谈话要点》

2. 1979年12月6日，邓小平在会见日本首相大平正芳时说：“我们要实现的四个现代化，是中国式的四个现代化。我们的四个现代化的概念，不是像你们那样的现代化的概念，而是‘小康之家’。”“小康”一词最早出自（　　）。

A.《诗经》　　B.《楚辞》　　C.《史记》　　D.《论语》

3. 所谓精髓，对于理论而言，指的是能使这一理论得以形成和发展并贯穿其始终，同时又体现在这一理论体系各个基本观点中的最本质的东西。邓小平理论的精髓是（　　）。

A. 解放思想、实事求是

B. 解放生产力，发展生产力

C. 坚持四项基本原则

D. 解放思想、实事求是、求真务实

4. 1978 年 3 月，全国科学大会在北京召开，邓小平在开幕式上的讲话中强调，四个现代化，关键是（　　）。

A. 农业现代化　　B. 教育现代化

C. 科学技术现代化　　D. 工业现代化

5. 运用马克思主义的辩证唯物论和历史唯物论，对建国三十二年来党的重大历史事件作出了正确的总结的重要文件是（　　）。

A.《中国共产党第十一次全国代表大会政治报告》

B.《中国共产党第十一届中央委员会第三次全体会议决议》

C.《关于建国以来党的若干历史问题的决议》

D.《中共中央关于经济体制改革的决定》

6. 1984 年 10 月，党的（　　）提出“公有制基础上的有计划的商品经济”的概念，通过了《中共中央关于经济体制改革的决定》，标志着中国的改革开始由农村走向城市和整个经济领域。

A. 十一届三中全会　　B. 十二届三中全会

C. 十三届三中全会　　D. 十四届三中全会

7. 邓小平理论系统回答的重大时代课题是（　　）。

A. 什么是马克思主义、怎么样发展马克思主义

B. 什么是社会主义、怎样建设社会主义

C. 建设什么样的党、怎么样建设党

D. 实现什么样的发展、怎样实现这样的发展

8. 1981 年 9 月 30 日，全国人大常委会委员长（　　）阐明了实现祖国和平统一的九条方针。

A. 邓小平　　B. 李先念　　C. 叶剑英　　D. 陈云

9. 1979 年 10 月 30 日，邓小平在中国文学艺术工作者第四次代表大会上致

辞，指出要在建设高度物质文明的同时，建设高度的社会主义（　　）文明。

A. 政治　　B. 文化　　C. 社会　　D. 精神

10. 1981 年 2 月 25 日，全国总工会、共青团中央等九单位联合向全国人民特别是青少年发出倡议开展（　　）活动，这是我国加强精神文明建设的重要举措。

A. “植树造林”　B. “五讲四美”　C. “爱国卫生”　D. “学雷锋”

11. 1983 年 10 月 1 日，邓小平为景山学校题词：教育要面向（　　），面向世界，面向未来。

A. 传统　　B. 国内　　C. 革命化　　D. 现代化

12. 新世纪以来，我国经济和社会发展呈现出一系列新的阶段性特征，但是，这些新的阶段性特征的出现并没有改变我国仍处于社会主义初级阶段这一基本事实。这表明，社会主义初级阶段是（　　）。

A. 社会性质与发展程度的有机统一过程

B. 长期性与阶段性统一的动态发展过程

C. 先进社会制度与落后社会生产的矛盾运动过程

D. 科学社会主义基本原则与时代精神相结合的过程

13. 社会主义的根本任务是（　　）。

A. 实现共同富裕　　B. 促进社会和谐

C. 维护社会公平正义　　D. 解放和发展生产力

14. 党的十三大报告提出了党在社会主义初级阶段的基本路线：领导和团结全国各族人民，以经济建设为中心，坚持四项基本原则，坚持改革开放，自力更生，艰苦创业，为把我国建设成为富强、民主、文明的社会主义现代化国家而奋斗。其中，“自力更生，艰苦创业”是实现“建设富强、民主、文明的社会主义现代化国家”这一奋斗目标的（　　）。

A. 基本途径　　B. 政治保证　　C. 依靠力量　　D. 根本立足点

15. 1982 年至 1984 年，党中央连续发出三个关于农村工作的（　　），家庭联产承包责任制被迅速推向全国。这充分调动了农民的生产积极性，促进了农业生产的迅速发展。

A. “一号文件”　　B. “二号文件”

C. “三号文件”　　D. “四号文件”

16. 1986 年 3 月，四位科学家向党中央提出跟踪世界先进水平、发展高技术的建议。邓小平很快作出批示。同年 11 月，我国决定实施发展高科技的（　　）。

A. “863” 计划　　B. “星火” 计划

C. “火炬” 计划　　D. “载人航天计划”

17. “三步走” 发展战略部署，到 20 世纪末，使国民生产总值再增长一倍，人民生活达到（　　）水平。

A. 中等国家　　B. 小康　　C. 发达国家　　D. 现代化国家

18. 1992 年，党的十四大提出了我国经济体制改革的目标是建立社会主义市场经济体制。经过十四大到十八届三中全会二十多年的实践，党对政府和市场的关系有了新的科学定位，提出使市场在资源配置中起（　　）。

A. 辅助性作用　　B. 决定性作用

C. 基础性作用　　D. 补充性作用

19. 从 1979 年 11 月起，在邓小平主持下，中共中央着手起草《关于建国以来党的若干历史问题的决议》。邓小平对决议的起草提出了指导原则，其中最核心的一条原则是（　　）。

A. 对建国三十年来历史上的大事，要进行实事求是的分析

B. 宜粗不宜细，总结过去是为了引导大家团结一致向前看

C. 确立毛泽东同志的历史地位，坚持和发展毛泽东思想

D. 走自己的路，开辟中国特色社会主义道路

20. 党的十一届三中全会高度评价关于真理标准问题的讨论，重新确立了党的（　　）的思想路线。

A. 实事求是　　B. 解放思想　　C. 科学发展　　D. 经济建设

（二）多项选择题

1. 1978 年 12 月 18 日至 22 日，党的十一届三中全会举行，全会主要内容包括（　　）。

A. 高度评价关于实践是检验真理的唯一标准问题的讨论

B. 果断地停止使用“以阶级斗争为纲”的口号

C. 做出实行改革开放的历史性决策

D. 决定把党和国家工作中心转移到经济建设上来

E. 决定健全党的民主集中制，加强党的领导机构

2. 邓小平在南方谈话中指出：“社会主义的本质，是解放生产力，发展生产力，消灭剥削，消除两极分化，最终达到共同富裕。”这一概括（　　）。

A. 破除了脱离生产力水平抽象谈论社会主义的认识

B. 否定了社会主义必须坚持公有制和按劳分配原则的认识

C. 摆脱了长期以来忽视建设社会主义根本目的和目标的认识

D. 纠正了把社会主义本质等同于社会主义具体做法的认识

3. 下列对社会主义市场经济体制的认识中，正确的有（　　）。

A. 它在所有制结构上，是以公有制为主体、多种所有制经济共同发展的经济体制

B. 它是同社会主义基本制度结合在一起的市场经济体制

C. 它是只运用市场调节手段的经济体制

D. 它是与资本主义市场经济体制毫无共同点的经济体制

4. 下列属于邓小平理论内容的有（　　）。

A. 社会主义初级阶段理论和党的基本路线

B. 社会主义根本任务和发展战略理论

C. 中国特色社会主义外交和国际战略

D. 党的建设理论

E. “两手抓，两手都要硬”

5. 1978 年 5 月 10 日，中央党校内部刊物《理论动态》刊登《实践是检验真理的唯一标准》一文。第二天，《光明日报》以特约评论员名义公开发表这篇文章，新华社向全国转发。文章提出，社会实践不仅是检验真理的标准，而且是唯一的标准。在邓小平和许多老一辈革命家的支持下，关于真理标准问题的大讨论迅速在全党全社会展开。关于真理标准问题的大讨论（　　）。

A. 是一场深刻而广泛的马克思主义思想解放运动

B. 成为正本清源、拨乱反正和改革开放的思想先导

C. 使党内外开始出现酝酿对外开放和对各方面体制进行改革的新局面

D. 是解放思想、开辟新时期新道路的宣言书

6. 1992 年 1 月 18 日至 2 月 21 日，邓小平先后到武昌、深圳、珠海、上海等地视察，发表了一系列重要谈话，即南方谈话。邓小平的南方谈话（　　）。

A. 从理论上深刻回答了长期困扰和束缚人们思想的许多重大问题

B. 是把改革开放和现代化建设推向新阶段的又一个解放思想、实事求是的宣言书

C. 对党的十四大具有十分重要的指导作用

D. 开启了我国改革开放和社会主义现代化建设新时期

7. 在南方谈话中，邓小平明确提出：“计划经济不等于社会主义，资本主义也有计划；市场经济不等于资本主义，社会主义也有市场。”邓小平这一重要论断蕴含的社会主义市场经济理论的要点有（　　）。

A. 计划经济和市场经济不是划分社会制度的标志

B. 计划和市场都是经济手段，计划经济和市场经济可以结合起来

C. 市场经济作为资源配置手段本身不具有制度属性

D. 市场经济可以和不同的社会制度结合从而表现出不同的性质

8. 中共十二大以后，邓小平提出中国共产党和各国共产党处理党际关系的（　　）原则；中共十三大后这些原则的适用范围又扩展到和中国共产党交往的所有政党，党际交往不断调整，不断进步。

A. 独立自主　　B. 完全平等

C. 互相尊重　　D. 互不干涉内部事务

9. 社会主义初级阶段的科学含义是（　　）。

A. 我国社会已经是社会主义社会

B. 初级阶段的社会主义社会是过渡时期的社会

C. 我国的社会主义社会还处在初级阶段

D. 初级阶段的社会主义社会即高级的新民主主义社会

10. 改革开放是党和人民大踏步赶上时代的重要法宝，成为当代中国最鲜明的特色、当代中国共产党人最鲜明的品格。改革开放是（　　）。

A. 我们党的一次伟大觉醒

B. 中国人民和中华民族发展史上一次伟大革命

C. 决定当代中国命运的关键一招

D. 决定实现“两个一百年”奋斗目标、实现中华民族伟大复兴的关键一招

11. 1979 年 3 月 30 日，邓小平在《坚持四项基本原则》一文中指出，我们要在中国实现四个现代化，必须在思想政治上坚持四项基本原则。这四项基本原则是（　　）。

A. 必须坚持社会主义道路

B. 必须坚持无产阶级专政

C. 必须坚持共产党的领导

D. 必须坚持马克思列宁主义、毛泽东思想

12. 改革是一项崭新的事业，是一个大试验。判断改革和各方面工作的是非得失，归根到底，主要看（　　）。

A. 是否有利于完善社会主义的生产关系

B. 是否有利于发展社会主义社会的生产力

C. 是否有利于增强社会主义国家的综合国力

D. 是否有利于提高人民的生活水平

13. “一国两制”的构想（　　）。

A. 是邓小平运用辩证唯物主义和历史唯物主义，坚持实事求是，把和平共处五项原则用于解决一个国家的统一问题的重大成果

B. 体现了坚持祖国统一、维护国家主权的原则性

C. 体现了照顾历史实际和现实可能的灵活性

D. 是对马克思主义国家学说的创造性发展

14. 社会主义发展道路具有多样性，无产阶级执政党必须领导本国人民，努力探索适合自己国情的社会主义发展道路。探索社会主义发展道路，必须（　　）。

A. 坚持对待马克思主义的科学态度

B. 从当时当地的历史条件出发，坚持“走自己的路”

C. 充分吸收人类一切优秀文明成果

D. 坚持问题导向，从马克思主义经典作家的著作中寻找具体问题的答案

15. 保持香港、澳门长期繁荣稳定，必须全面准确贯彻（　　）的方针，严格依照宪法和基本法办事，完善与基本法实施相关的制度和机制。

A. “一国两制”　　B. “港人治港”

C. “澳人治澳”　　D. 高度自治

（三）判断题

1. 1988年9月5日，邓小平在会见捷克斯洛伐克总统胡萨克时，提出“科学技术是第一生产力”的重要论断。（　　）

2. 我国的社会主义初级阶段是任何国家进入社会主义都会经历的起始阶段。（　　）

3. “和平统一、一国两制”的构想最早是针对解决香港和澳门问题提出来的。（　　）

4. 邓小平理论是中国特色社会主义理论体系的开篇之作。（　　）

5. 解放生产力、发展生产力是社会主义社会发展的直接动力。（　　）

6. 坚持和发展中国特色社会主义是一篇大文章，邓小平同志为它确定了基本思路和基本原则。（　　）

7. 1992年邓小平南方谈话是邓小平理论的集大成之作。（　　）

8. 1982年邓小平在党的十二大开幕词中明确提出：走自己的道路，建设有中国特色的社会主义。从此，“中国特色社会主义”成为我们党的全部理论和实践创新的主题。（　　）

9. 1979年1月28日，邓小平应美国总统吉米·卡特的邀请，离开北京前往美国进行正式访问。这是中华人民共和国成立后，中国领导人第一次访问美国。（　　）

10. 1999年7月1日，中国政府恢复对香港行使主权，香港特别行政区成

立。(　　)

11. 以经济建设为中心是兴国之要，四项基本原则是立国之本，改革开放是强国之路。(　　)

12. 邓小平强调要使中国实现四个现代化，至少有两个重要特点是必须看到的：一个是底子薄。第二条是人口多，耕地少。(　　)

13. 党的十四大系统阐述了社会主义初级阶段的科学内涵。(　　)

14. 中国共产党的领导关系中国特色社会主义的性质、方向和命运。中国特色社会主义之所以是社会主义，究其根本就在于坚持科学社会主义基本原则，在于坚持中国共产党的领导。(　　)

15. 十一届三中全会的召开标志着党在指导思想上的拨乱反正胜利完成。(　　)

16. 坚持一个中国原则和“九二共识”，这是统一的政治基础。(　　)

17. 邓小平理论是中国共产党和中国人民宝贵的精神财富，是党和国家必须长期坚持的指导思想。(　　)

18. 1990 年 4 月，党中央、国务院批准开发开放浦东，在浦东实行经济技术开发区和某些经济特区的政策。(　　)

19. 以邓小平南方谈话和党的十五大为标志，中国改革开放和社会主义现代化建设进入新的发展阶段。(　　)

20. 党的十五大首次使用“邓小平理论”这个概念，把这一理论作为指引党继续前进的旗帜。(　　)

（四）简答题

从 1978 年党的十一届三中全会开启改革开放和社会主义现代化建设新时期，到 2013 年党的十八届三中全会开创我国改革开放新局面，我们党为什么要实行改革开放并坚定不移推进全面深化改革？

第七章 “三个代表”重要思想

一、逻辑脉络

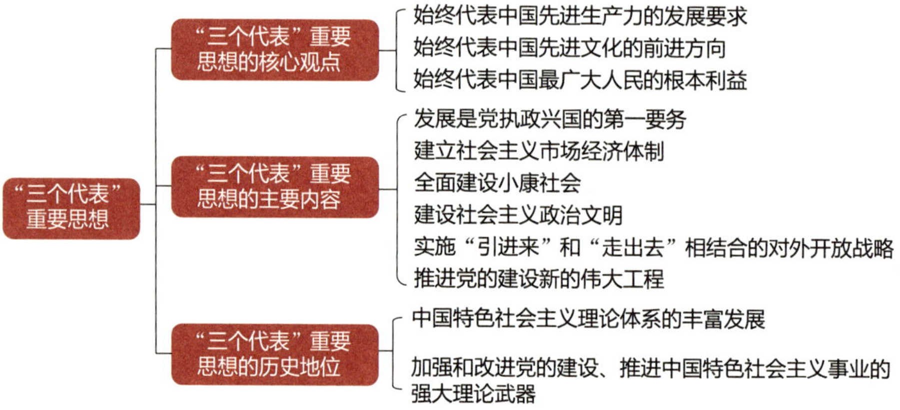

二、经典导入

《在庆祝中国共产党成立八十周年大会上的讲话》导读

2001 年 7 月 1 日，江泽民在庆祝中国共产党成立八十周年大会上发表重要讲话。讲话分为四个部分，阐述了下述基本思想：第一，运用辩证唯物主义和历史唯物主义对中国共产党八十年的奋斗历史进行了高度的概括和总结，提出必须始终坚持用马克思主义基本原理指导中国具体实践；必须始终紧紧依靠人民群众；必须始终加强和改进党的建设，永葆党的生机和活力。第二，正确认识和全面贯彻“三个代表”要求。代表中国先进生产力的发展要求，代表中国先进文化的前进方向，代表中国最广大人民的根本利益，是统一的整体，相互联系，相互促进。第三，按照“三个代表”要求加强和改进党的建设。提出五个方面的要求和措施，包括党的思想路线、阶级基础、民主集中制、干部队伍、党员干部管理等重大问题。第四，继续为实现党的基本路线和历史任务而奋斗。要求全党同志树立共产主义的远大理想，坚定不移地贯彻党的基本路线，为实现党在现阶段的基本纲领而奋斗。

讲话全面系统地阐述了“三个代表”重要思想的科学内涵和精神实质，科学回答了在新的历史条件下“建设一个什么样的党、怎样建设党”的问题。在新的时代条件下，“三个代表”重要思想以新的思想、观点、论断，继承、丰富和发展了马克思列宁主义、毛泽东思想和邓小平理论，并提出了党的建设的具体要求和举措，为推动社会主义自我完善和党的建设提供了强大的理论武器。

《全面建设小康社会，开创中国特色社会主义事业新局面》导读

中国共产党第十六次全国代表大会于 2002 年 11 月 8 日至 14 日在北京举行。大会的主题是：高举邓小平理论伟大旗帜，全面贯彻“三个代表”重要思想，继往开来，与时俱进，全面建设小康社会，加快推进社会主义现代化，为开创中国特色社会主义事业新局面而奋斗。江泽民同志代表第十五届中央委员会向大会作了题为“全面建设小康社会，开创中国特色社会主义事业新局面”的报告。

在这篇报告中，江泽民对“三个代表”重要思想的理论定位、理论依据、理论内涵作了全面阐述。江泽民指出：“‘三个代表’重要思想是对马克思列宁主义、毛泽东思想和邓小平理论的继承和发展，反映了当代世界和中国的发展变化对党和国家工作的新要求，是加强和改进党的建设、推进我国社会主义自我完善和发展的强大理论武器，是全党集体智慧的结晶，是党必须长期坚持的指导思想。始终做到‘三个代表’，是我们党的立党之本、执政之基、力量之源。”

江泽民指出：“‘三个代表’重要思想，是在科学判断党的历史方位的基础上提出来的。……我们必须从中国和世界的历史、现状和未来着眼，准确把握时代特点和党的任务，科学制定并正确执行党的路线、方针、政策，认真研究和解决推动中国社会进步和加强党的建设的问题，做到既不割断历史、又不迷失方向，既不落后于时代、又不超越阶段，使我们的事业不断从胜利走向胜利。……贯彻‘三个代表’重要思想，必须使全党始终保持与时俱进的精神状态，不断开拓马克思主义理论发展的新境界。坚持党的思想路线，解放思想、实事求是、与时俱进，是我们党坚持先进性和增强创造力的决定性因素。与时俱进，就是党的全部理论和工作要体现时代性，把握规律性，富于创造性。能否始终做到这一点，决定着党和国家的前途命运。……必须把发展作为党执政兴国的第一要务，不断开创现代化建设的新局面。马克思主义执政党必须高度重视解放和发展生产力。离开发展，坚持党的先进性、发挥社会主义制度的优越性和实现民富国强都无从谈起。党的先进性是具体的、历史的，必须放到推动当代中国先进生产力和先进文化的发展中去考察，放到维护和实现最广大人民根本利益的奋斗中去考察，归根到底要看党在推动历史前进中的作用。……必须最广泛最充分地调动一切积极因素，不断为中华民族的伟大复兴增添新力量。最大多数人的利益和全社会全民族的积极性、创造性，对党和国家事业的发展始终是最具有决定性的因素。在我国社会深刻变革、党和国家事业快速发展的进程中，妥善处理各方面的利益关系，把一切积极因素充分调动和凝聚起来，至关紧要。”

大会通过了关于《中国共产党章程（修正案）》的决议，把“三个代表”

重要思想同马克思列宁主义、毛泽东思想、邓小平理论一道确立为党必须长期坚持的指导思想，并写入党章。突出了“三个代表”重要思想对新形势下党的工作和党的建设的指导作用，坚持了与时俱进和改革创新的精神，是发展中国特色社会主义必须坚持和贯彻的重大战略思想。

三、理论答疑

为什么“三个代表”重要思想不是一个简单的表述，而是一个科学体系？

“三个代表”重要思想是一个科学的理论体系，包含着丰富而又紧密联系的、互相贯通的一系列内容；是对党在领导人民进行社会主义建设过程的全部经验，特别是十三届四中全会以来的基本科学经验的总结。首先应该明确的是，不能将“三个代表”重要思想简单地理解为三句话，“三个代表”重要思想是以“三个代表”科学论断为核心系统而完整的科学理论体系。

第一，“三个代表”重要思想内涵丰富。20 世纪 80 年代末至 90 年代初，东欧剧变、苏联解体，以江泽民同志为主要代表的中国共产党人科学判断党的历史方位，深刻总结历史经验，在建设中国特色社会主义的伟大实践中，在坚定不移、毫不动摇地贯彻十一届三中全会以来的基本方针和路线的基础上提出了一系列创新性的观点；丰富和发展了党的路线、方针和政策，进一步回答了“什么是社会主义、怎样建设社会主义”的问题，创造性地回答了“建设什么样的党，怎样建设党”这一重大问题；形成了“三个代表”重要思想的核心观点、主要内容，包括发展是党执政兴国的第一要务、建立社会主义市场经济体制、全面建设小康社会、建设社会主义政治文明、实施“引进来”和“走出去”相结合的对外开放战略、推进党的建设新的伟大工程。由此可见，“三个代表”重要思想绝对不仅仅是一个简单的表述。

第二，“三个代表”重要思想深刻反映了以江泽民同志为核心的党的第三代中央领导集体的理论创新成果中最核心最关键的内容。系统论的基本思想是把研究和处理的对象看作一个整体系统来对待。在研究“三个代表”重要思想的过程中，研究是围绕“三个代表”这一主题展开的，比如“三个代表”重要思想的时代背景、历史条件、实践基础、科学内涵、理论成果、中国特色社会主义建设的规律等。因此，在命名的过程中，根据其理论中最本质和核心的内容来命名无可厚非。如果仅从“三大命题”的视角狭义地看待“三个代表”思想，就难以理解诸多理论创新成果是“三个代表”重要思想的组成部分，只有从党的第三代领导集体理论汇总的视角出发，才能把握“三个代表”重要思想科学体系所包含的丰硕成果。

第三，“三个代表”重要思想是一个严密的逻辑体系。它突出表现在“三个代表”的内在联系上。首先，“三个代表”重要思想体现了理论与实践的统一。“三个代表”重要思想是在国际局势风云变幻的背景下，在从容应对一系列关系我国主权和安全的国际突发事件，特别是成功抵御亚洲金融危机冲击和战胜1998年特大洪涝灾害的基础上，在建设中国特色社会主义的伟大实践中提出来的。社会主义建设实践和创新为理论创新提供了基础，同时理论的探索和创新又来指导新的实践。理论和实践相辅相成，共同发展，共同推进了社会主义建设的深入发展。其次，在“三个代表”重要思想的核心观点中，代表先进社会生产力的发展要求对应着物质文明，是物质基础。历史唯物主义认为生产力决定生产关系，因此代表先进生产力是代表先进文化和代表最广大人民根本利益的基础，离开了这一基础和保障，其他两个代表就成了空中楼阁。同样，代表先进文化对应着精神文明建设，是灵魂，对社会主义的经济和政治发展有着巨大的促进作用。先进文化是代表时代精神的，面向现代化、面向世界、面向未来的，民族的科学的大众的社会主义文化，直接影响和塑造着民族精神，影响着人们的物质文化生活。代表最广大人民的根本利益，对应着政治文明，是宗旨。无论是物质文明建设还是精神文明建设，都是为了更好地实现好、维护好人民群众的根本利益，最终实现共同富裕，也是社会主义的本质要求。可见，“三个代表”重要思想体现了生产力与生产关系、经济基础与上层建筑、物质文明与精神文明的统一，是一个内在统一、逻辑严密的科学体系。最后，“三个代表”重要思想体现了主观与客观的统一。即我们不仅要用“三个代表”重要思想改造我们的客观世界，代表先进的生产力，同时我们也要将其作为改造主观世界的思想武器，通过学习领会这一思想，树立正确的世界观、人生观、价值观等，坚持改造主观世界和改造客观世界相结合。

四、实践课堂

"三个代表"重要思想案例分享会

（一）实践目标

深刻领会"三个代表"重要思想的真谛，理解"三个代表"重要思想是党在新的历史条件下，站在新的历史方位上，结合中国实践对马克思列宁主义、毛泽东思想和邓小平理论的进一步发展，深刻认识中国共产党是勇于面对挑战、敢于自我革命、善于理论创新的马克思主义政党。

（二）实践方案

第一步　小组组队+资料搜集

1. 班级内以小组为单位进行实践，每组由 5~6 名学生自由完成组队。

2. 根据"三个代表"重要思想的核心观点，坚持理论联系实际，查找从党的十三届四中全会到党的十六大期间的相关案例并进行分析。

第二步　完成作业

1. 小组以课件的形式提交作业。

2. 课件要求案例分析图文并茂，重点分析阐述此案例是如何体现"三个代表"重要思想的。

第三步　课堂展示

每小组按照抽签顺序，由小组组长依次上台进行汇报分享，课堂展示时间为 5~10 分钟。

（三）实践评价

每组选出一位同学代表和任课老师组成评委小组，对 PPT 展示进行评分。考核评分表见附件。

附件：

“三个代表”重要思想案例分享会考核评分表

评分项目	评分标准描述	分值	评委小组评分	评价标准（满分 100 分）	考核等级
内容主题	1. 内容紧扣主题 2. 案例全面展示“三个代表”重要思想的核心内容	20 分		优：≥90 分 良：75~89 分 中：60~74 分 差：≤59 分	
课件制作	1. 图文并茂，精致美观 2. 页面简洁，条理清晰 3. 使用动画、特效等创新技巧	40 分			
表现效果	1. 声音洪亮，表情自然 2. 脱稿汇报，表述流畅 3. 感情投入，感染力强	20 分			
团队合作	1. 全员参与 2. 分工合理 3. 配合默契度高	20 分			
教师点评： 教师签名： 年 月 日					

扫码学习
拓展阅读

五、巩固训练

（一）单项选择题

1. 根据"三个代表"重要思想，中国特色社会主义是靠（　　）来不断巩固和推进的。社会主义要强大，体现优越性，关键在（　　）。

A. 发展，改革　　B. 改革，发展

C. 发展，发展　　D. 改革，改革

2. 根据"三个代表"重要思想，要在更大程度上发挥市场在资源配置中的（　　）。

A. 决定性作用　　B. 主导性作用

C. 关键性作用　　D. 基础性作用

3. "三个代表"重要思想在邓小平理论的基础上，（　　）。

A. 创造性地回答了什么是社会主义、怎样建设社会主义的问题

B. 创造性地回答了建设什么样的党、怎样建设党的问题

C. 进一步回答了建设什么样的党、怎样建设党的问题

D. 创造性地回答了新形势下实现什么样的发展、怎样发展的问题

4. （　　）我国正式加入世界贸易组织，标志着我国对外开放进入一个新的阶段。

A. 2001 年 11 月　　B. 2001 年 12 月

C. 2002 年 11 月　　D. 2002 年 12 月

5. 发展生产力的决定因素是（　　）。

A. 劳动资料　　B. 劳动对象

C. 科技进步和创新　　D. 劳动者

6. 发展先进文化的重要内容和中心环节是（　　）。

A. 弘扬民族精神　　B. 加强社会主义思想道德建设

C. 做好思想政治工作　　D. 教育

7.（　　）是经济工作和其他一切工作的生命线，是我们党和社会主义国家的重要政治优势。

A. 经济工作　　B. 意识形态工作

C. 思想政治工作　　D. 群众路线

8. 全面阐述了“三个代表”重要思想的科学内涵和基本内容的是（　　）。

A. 1989 年党的十四届三中全会

B. 1997 年党的十五大

C. 2000 年江泽民在广东考察工作时发表的讲话

D. 2001 年 7 月 1 日江泽民在庆祝中国共产党成立八十周年大会上的讲话

9. “三个代表”重要思想产生的历史起点和逻辑起点是（　　）。

A. 四项基本原则　　B. “四个如何认识”

C. 四个全面　　D. 四个伟大

10. “三个代表”重要思想是有机联系的科学体系，贯彻“三个代表”的要求，核心在（　　）。

A. 坚持与时俱进　　B. 保持党的先进性

C. 坚持执政为民　　D. 以人为本的立场

11. 江泽民曾强调指出，马克思主义最重要的理论品质是（　　）。

A. 批评与自我批评　　B. 敢讲真话，做实事

C. 与时俱进　　D. 尊重实践，尊重群众

12. 江泽民同志强调，我们全部工作的出发点和落脚点就是（　　）。

A. 构建人类命运共同体

B. 建设社会主义精神文明

C. 不断实现好、维护好、发展好最广大人民的根本利益

D. 建立和谐世界

13. 在建设社会主义市场经济体制过程中，要进一步探索公有制特别是国有制的多种有效实现形式，积极推行（　　）。

A. 股份制　B. 股份合作制　C. 承包制　D. 租赁制

14. 社会主义初级阶段的基本经济制度是（　　）。

A. 公有制为主体、多种所有制经济共同发展

B. 各类市场主体自由竞争

C. 建立健全社会主义分配制度

D. 国家保护一切财产安全和利益

15. 建设社会主义政治文明，最根本的就是要（　　）。

A. 坚持党的领导、人民当家作主和依法治国的有机统一

B. 全面进行政治体制改革，建立宪政国家

C. 全面建成小康社会，实现经济高速增长扩张

D. 坚持改革开放，建设法治国家

16. 坚持党的领导，核心是（　　）。

A. 坚持党要管党　B. 坚持党的先进性

C. 坚持党的优良传统　D. 坚持党的阶级基础

17. 江泽民强调，推进党的建设新的伟大工程，重点是加强（　　）。

A. 党的群众基础　B. 党的执政能力建设

C. 党的阶级基础　D. 党的组织建设

18. 江泽民强调，加强和改进党的作风建设，核心问题是（　　）。

A. 保持党的执政地位　B. 坚持党的领导地位

C. 保持党的利益不受影响与损害　D. 保持党同人民群众的血肉联系

19. 江泽民强调，我们党执政后最大的危险是（　　）。

A. 能力不足　　B. 精神懈怠

C. 脱离群众　　D. 消极腐败

20. 江泽民在党的十五大报告中明确指出，依法治国是党领导人民治理国家的（　　）。

A. 基本方略　　B. 基本路线　　C. 基本纲领　　D. 基本经验

（二）多项选择题

1. 根据“三个代表”重要思想，（　　）始终是推动我国先进生产力发展和社会全面进步的根本力量。

A. 科技　　B. 工人　　C. 农民　　D. 知识分子

2. 根据“三个代表”重要思想，建立社会主义市场经济体制，必须坚持和完善公有制为主体、多种所有制经济共同发展的社会主义基本经济制度。公有制的主体地位主要体现在（　　）。

A. 公有资产在社会总资产中占优势地位

B. 国有企业在社会企业中占优势地位

C. 国有经济控制国民经济命脉，对经济发展起决定性作用

D. 国有经济控制国民经济命脉，对经济发展起主导作用

3. 在加入世界贸易组织的谈判过程中，江泽民阐明了我国加入世界贸易组织的原则，包括（　　）。

A. 中国加入世界贸易组织是中国经济发展和改革开放的需要，同样世界贸易组织也需要中国。没有中国参加，世界贸易组织是不完整的，也不利于世界经济的发展

B. 中国已经是发达国家，只能以发达国家的条件加入世界贸易组织

C. 中国是一个发展中国家，社会生产力还不发达，只能以发展中国家的条件加入世界贸易组织

D. 中国加入世界贸易组织，权利和义务一定要平衡，中国不会接受过高的、超出中国承受能力的要价

4. 建立社会主义市场经济体制，必须坚持和完善公有制为主体、多种所有

制经济共同发展的社会主义基本经济制度。根据这一要求，（ ）。

A. 必须毫不动摇地巩固和发展公有制经济

B. 必须毫不动摇地巩固和发展私有制经济

C. 必须毫不动摇地鼓励、支持和引导非公有制经济发展

D. 必须毫不动摇地鼓励、支持和引导公有制经济发展

5. 江泽民同志认为，中国共产党必须解决好的两大历史性课题是（ ）。

A. 纠正党的不良作风

B. 进一步提高党的领导水平和执政水平

C. 防范“四大危险”

D. 提高拒腐防变和抵御风险的能力

6. 2000 年 5 月，江泽民在上海主持党建工作座谈会时强调，“三个代表”重要思想是（ ）。

A. 立党之本　　B. 执政之基　　C. 强国之路　　D. 力量之源

7. 江泽民强调，我们想事情，做工作，想得对不对，做得好不好，根本的衡量尺度，就是（ ）。

A. 人民拥护不拥护　　B. 人民赞成不赞成

C. 人民高兴不高兴　　D. 人民答应不答应

8. “三个代表”的相互关系是（ ）。

A. 发展先进生产力，是发展先进文化和实现最广大人民根本利益的基础和前提

B. 发展先进文化，是发展先进生产力和实现最广大人民根本利益的重要思想保证

C. 发展先进生产力和先进文化，归根到底都是为了实现最广大人民的根本利益

D. 三者是统一的整体，相互联系，相互促进

9. 在十六大报告中，江泽民把社会主义（ ）一起确立为社会主义现代化建设的目标。

A. 物质文明　　B. 政治文明　　C. 生态文明　　D. 精神文明

10. 江泽民要求领导干部一定要（　　）。

A. 讲公正　　B. 讲学习　　C. 讲政治　　D. 讲正气

11. “三个代表”重要思想是（　　）。

A. 对马克思列宁主义、毛泽东思想和邓小平理论的继承和发展

B. 中国特色社会主义理论体系的重要组成部分

C. 中国特色社会主义理论体系的接续发展

D. 推进中国特色社会主义事业的强大理论武器

12. 坚持中国共产党的领导，就是要（　　）。

A. 坚持党在建设中国特色社会主义事业中的领导核心地位，发挥党总揽全局、协调各方的作用

B. 坚持党对国家大政方针和全局工作的政治领导

C. 坚持党管干部的原则

D. 坚持党对意识形态领域的领导

13. “三个代表”重要思想从（　　）方面，揭示了社会主义制度自我完善和发展的途径。

A. 物质基础　　B. 文化支撑　　C. 政治保证　　D. 社会基础

14. 之所以要全面建设小康社会，是因为（　　）。

A. 总体小康社会是低水平的、不全面的、不平衡的

B. 我国人均生产的物质产品和物质财富较少，劳动生产率较低

C. 总体小康社会偏重满足物质消费，而文化消费还得不到有效满足

D. 存在地区之间、城乡之间的发展不协调、不平衡问题

15. “三个代表”重要思想提出了一系列新思想、新观点，构成了一个完整的科学理论。这些新思想、新观点的主要方面是（　　）。

A. 改革发展稳定　　B. 内政外交国防

C. 国家与科技创新　　D. 治党治国治军

（三）判断题

1. 发挥市场机制的作用和国家宏观调控，是社会主义市场经济的本质要求。（　　）

2. 1993 年 11 月，十四届三中全会通过《中共中央关于建立社会主义市场经济体制若干问题的决定》，勾画了建立社会主义市场经济体制的基本框架和蓝图。(　　)

3. 建立和完善社会主义市场经济体制，必须坚持和完善公有制为主体、多种所有制经济共同发展，这就意味着个体、私营等各种形式的非公有制经济是社会主义市场经济的有益补充。(　　)

4. 1997 年，党的十五大报告指出：到 21 世纪中叶建国一百年时，基本实现现代化，建成富强民主文明的社会主义国家。(　　)

5. 经过二十多年的改革开放和社会主义现代化建设，到 2000 年，人民生活总体上达到了小康，这是一个历史性的飞跃。(　　)

6. 人类为了衣食住行，必须从事生活资料的生产，为此创造了各种生产工具，如石器工具、铁制工具、智能化工具等，这属于人类创造的精神文明。(　　)

7. 实行依法治国，必须坚持有法可依、有法必依、执法必严、违法必究。(　　)

8. 多层次，是指对外开放的格局是分步骤、有层次、逐步推进的。它强调的是不论对资本主义国家还是对社会主义国家，对发达国家还是对发展中国家，都要积极与之发展各方面的交流与合作。(　　)

9. 20 世纪 90 年代以来，我国在“引进来”的基础上又开始实施了“走出去”的新战略，我国鼓励各种所有制企业“走出去”。(　　)

10. 讲政治是核心。要坚定正确的政治方向、政治立场和政治观点，严守政治纪律，增强政治敏锐性和政治鉴别力。(　　)

11. 江泽民同志指出，一个社会，没有共同的精神支柱及以此为基础的思想上的稳定，是很难保持社会政治稳定的。(　　)

12. 必须坚持马克思列宁主义、毛泽东思想和邓小平理论在意识形态领域中的指导地位，用“三个代表”重要思想统领社会主义文化建设。(　　)

13. “三个代表”是我们党的立党之本、执政之基、力量之源的论断，是江泽民同志在 2000 年广东茂名高级领导干部“三讲”教育会议的讲话中提出来的。(　　)

14. 建设中国特色社会主义必须坚持的十条基本经验，归结起来就是，我们党必须始终做到“三个代表”。(   )

15. 贯彻“三个代表”重要思想，关键在坚持实事求是。(   )

16. 广大工人、农民、知识分子始终是推动我国先进生产力发展和社会全面进步的根本力量。(   )

17. 发展社会主义先进文化，就是发展面向工业化、面向世界、面向未来的民族的科学的大众的社会主义文化。(   )

18. 思想政治工作是经济工作和其他一切工作的生命线，是我们党和社会主义国家的重要政治优势。(   )

19. 全面建成小康社会是实现现代化建设第二步战略目标必经的承上启下的发展阶段。(   )

20. 科学技术是第一生产力，是先进生产力的集中体现和主要标志。(   )

（四）简答题

1. 简述“三个代表”重要思想的核心观点和主要内容。

2. 如何理解“三个代表”重要思想的历史地位？

第八章　科学发展观

一、逻辑脉络

- 科学发展观
  - 科学发展观的科学内涵
    - 推动经济社会发展是科学发展观的第一要义
    - 以人为本是科学发展观的核心立场
    - 全面协调可持续是科学发展观的基本要求
    - 统筹兼顾是科学发展观的根本方法
  - 科学发展观的主要内容
    - 加快转变经济发展方式
    - 发展社会主义民主政治
    - 推进社会主义文化强国建设
    - 构建社会主义和谐社会
    - 推进生态文明建设
    - 全面提高党的建设科学化水平
  - 科学发展观的历史地位
    - 中国特色社会主义理论体系在新世纪新阶段的接续发展
    - 全面建设小康社会、加快推进社会主义现代化的根本指针

二、经典导入

《准确把握科学发展观的深刻内涵和基本要求》导读

这篇文章是胡锦涛同志2004年3月10日在中央人口资源环境座谈会上讲话的一部分。

在这篇文章中，胡锦涛明确指出树立和落实科学发展观，首先必须全面准确把握科学发展观的深刻内涵。坚持以人为本，“就是要以实现人的全面发展为目标，从人民群众根本利益出发谋发展、促发展，不断满足人民群众日益增长的物质文化需要，切实保障人民群众经济、政治、文化权益，让发展成果惠及全体人民”。全面发展，“就是要以经济建设为中心，全面推进经济、政治、文化建设，实现经济发展和社会全面进步”。协调发展，“就是要统筹城乡发展、统筹区域发展、统筹经济社会发展、统筹人与自然和谐发展、统筹国内发展和对外开放，推进生产力和生产关系、经济基础和上层建筑相协调，推进经济、政治、文化建设各个环节各个方面相协调”。可持续发展，“就是要促进人与自然的和谐，实现经济发展和人口、资源、环境相协调，坚持走生产发展、生活富裕、生态良好的文明发展道路，保证一代接一代永续发展”。

在这篇文章中，胡锦涛明确提出了贯彻和落实科学发展观四个方面的基本要求。他提出：树立和落实科学发展观，必须始终坚持以经济建设为中心，聚精会神搞建设，一心一意谋发展；必须在经济发展的基础上，推动社会全面进步和人的全面发展，促进社会主义物质文明、政治文明、精神文明协调发展；必须着力提高经济增长质量和效益，努力实现速度和结构、质量、效益相统一，经济发展和人口、资源、环境相协调，不断保护和增强发展的可持续性；必须坚持理论联系实际，因地制宜、因时制宜把科学发展观的要求贯穿于各方面工作。

胡锦涛在2004年中央人口资源环境座谈会上的讲话深刻阐明了科学发展观提出的背景、意义，明确界定了“以人为本”“全面发展”“协调发展”“可持续发展”的深刻内涵和基本要求，并对如何树立和落实科学发展观提出了明确的要求，标志着科学发展观的形成。

《高举中国特色社会主义伟大旗帜 为夺取全面建设小康社会新胜利而奋斗》

中国共产党第十七次全国代表大会于2007年10月15日至21日在北京召开。大会主题是：高举中国特色社会主义伟大旗帜，以邓小平理论和“三个代表”重要思想为指导，深入贯彻落实科学发展观，继续解放思想，坚持改革开放，推动科学发展，促进社会和谐，为夺取全面建设小康社会新胜利而奋斗。胡锦涛代表第十六届中央委员会向大会作了题为“高举中国特色社会主义伟大旗帜 为夺取全面建设小康社会新胜利而奋斗”的报告。

在这篇报告中，胡锦涛对科学发展观的理论定位、理论依据、理论内涵作了全面阐述。胡锦涛指出：“科学发展观，是对党的三代中央领导集体关于发展的重要思想的继承和发展，是马克思主义关于发展的世界观和方法论的集中体现，是同马克思列宁主义、毛泽东思想、邓小平理论和‘三个代表’重要思想既一脉相承又与时俱进的科学理论，是我国经济社会发展的重要指导方针，是发展中国特色社会主义必须坚持和贯彻的重大战略思想。”

胡锦涛指出：“科学发展观，第一要义是发展，核心是以人为本，基本要求是全面协调可持续，根本方法是统筹兼顾。必须坚持把发展作为党执政兴国的第一要务。……更好实施科教兴国战略、人才强国战略、可持续发展战略，着力把握发展规律、创新发展理念、转变发展方式、破解发展难题，提高发展质量和效益，实现又好又快发展，为发展中国特色社会主义打下坚实基础。……必须坚持以人为本。全心全意为人民服务是党的根本宗旨，党的一切奋斗和工作都是为了造福人民。要始终把实现好、维护好、发展好最广大人民的根本利益作为党和国家一切工作的出发点和落脚点，尊重人民主体地位，发挥人民首创精神，保障人民各项权益，走共同富裕道路，促进人的全面发展，做到发展为了人民、发展依靠人民、发展成果由人民共享。必须坚持全面协调可持续发展。要按照中国特色社会主义事业总体布局，全面推进经济建设、政治建设、文化建设、社会建设，促进现代化建设各个环节、各个方面相协调，促进生产关系与生产力、上层建筑与经济基础相协调。坚持生产发展、生活富裕、生态良好的文明发展道路，建设资源节约型、环境友好型社会，实现速度和结构质量效益相统一、经济发展与人口资源环境相协调，使人民在良好生态环境中生产生活，实现经济社会永续发展。必须坚持统筹兼顾。要正确认识和妥善处理中国特色社会主义事业中的重大关系，统筹城乡发展、区域发展、经济社会发展、人与自然和谐发展、国内发展和对外开放，统筹中央和地方关系，统筹个人利益和集体利益、局部利益和整体利益、当前利益和长远利益，充分调动各方面积极性。”

这次大会通过了《中国共产党章程（修正案）》，将科学发展观写入党章。

三、理论答疑

如何理解以人为本的发展思想？

科学发展观的核心是以人为本，体现了马克思主义历史唯物论的基本原理，体现了我们党全心全意为人民服务的根本宗旨和推动经济社会发展的根本目的。以人为本的“人”，是指人民群众。在当代中国，就是以工人、农民、知识分子等劳动者为主体，包括社会各阶层人民在内的中国最广大人民。以人为本的“本”，就是本源，就是根本，就是出发点、落脚点，就是最广大人民的根本利益。

坚持以人为本，既有着中华文明的深厚根基，又体现了时代发展的进步精神。中华文明历来注重以民为本，尊重人的尊严和价值。早在千百年前，中国人就提出了“民惟邦本，本固邦宁”“天地之间，莫贵于人”，主张“民为贵，社稷次之，君为轻”，强调“政之所兴，在顺民心；政之所废，在逆民心”。中国古代的民本思想体现了朴素的重民价值取向，在一定程度上起到了缓和阶级矛盾、减轻人民负担的作用。我们今天强调的以人为本，继承了中国古代的民本思想，但又与它存在着实质上的区别。民本思想中的“民”，是相对于“君”、相对于统治者而言的，其本质是为了维护封建统治阶级的统治地位，是实现“得民心、存社稷、固君位、达邦宁”的“驭民”“治民”之术，其价值取向是君本位而非民本位。以人为本也不同于西方的人本主义。近代西方人本主义反对迷信、崇尚科学，反对专制、崇尚自由，反对神权、张扬人性，对于反对封建主义、推进人的解放起到过一定的积极作用。但是，西方人本主义以个人为本位，以实现自我价值为基本追求，在处理人与人、个人与社会的关系上主张个人利益至上。同时，人本主义离开具体的历史条件，离开人的社会性，以抽象的、永恒不变的人性说明社会历史，在本质上是为资产阶级取得和维护统治地位服务的。马克思尖锐地批判了资产阶级人本主义，揭示了其唯心主义的本质，形成了历史唯物主义关于人的学说。我们党强调的以人为本，坚持了历史唯物主义的基本立场和基本观点，体现了我们党立党为公、执政为民的本质要求；而中国古代的民本思想和西方人本主义，则站在唯心史观的立场上，体现了剥削阶级维护自身统治地位的需要。这是它们的根本区别。

坚持以人为本，体现了人民在中国特色社会主义事业中的主体地位。在发展的过程中，我们党尊重人民的首创精神，发挥人民的积极性、主动性、创造性，坚持从人民的根本利益出发谋发展、促发展，不断满足人民日益增长的物质文化需要，不断实现好、维护好、发展好最广大人民的根本利益；坚持在全体人民根本利益一致的基础上，正确反映和兼顾不同地区、不同部门、不同方面群众的利益，妥善协调各方面的利益关系，走共同富裕道路；坚持切实保障人民依法享有各项权益，维护社会公平正义，满足人民的发展愿望和多样性需求，关心人的价值、权益和自由，关注人民的生活质量、发展潜能和幸福指数，体现社会主义的人道主义和人文关怀，促进人的全面发展。

坚持以人为本，是马克思主义政党最鲜明的政治立场。以人为本体现了立党为公、执政为民的本质要求，是我们党的根本宗旨和执政理念的集中体现，是社会主义制度的本质特征，是全面建设小康社会、实现社会主义现代化的根本要求。马克思主义认为，人是生产力中最活跃的因素。人民群众是历史的创造者，是推动社会发展的根本力量。胡锦涛同志指出：相信谁、依靠谁、为了谁，是否始终站在最广大人民的立场上，是区分唯物史观和唯心史观的分水岭，也是判断马克思主义政党的试金石。对于马克思主义执政党来说，坚持全心全意为人民服务，立党为公、执政为民，充分发挥全体人民的积极性来发展先进生产力和先进文化，始终是最紧要的。中国特色社会主义事业是全国各族人民实现自己利益、创造美好生活的共同事业，是亿万人民广泛参与的创造性事业。广大人民是中国特色社会主义事业的主体，人民的积极性、主动性、创造性的充分发挥，是我们事业兴旺发达的根本保证。我们推动科学发展，根本目的就是要坚持尊重社会发展规律与尊重人民历史主体地位的一致性，坚持为崇高理想奋斗与为最广大人民谋利益的一致性，坚持完成党的各项工作与实现人民利益的一致性，坚持保障人民权益与促进人的全面发展的一致性，做到发展为了人民、发展依靠人民、发展成果由人民共享。

我们党的根基在人民、血脉在人民、力量在人民。党的一切奋斗和工作都是为了造福人民，除了最广大人民的根本利益，没有自己的特殊利益。党和政府的全部任务和责任，归根到底都是为了实现好、维护好、发展好最广大人民的根本利益，必须始终坚持人民的利益高于一切，始终做到权为民所用、情为民所系、利为民所谋，始终把实现好、维护好、发展好最广大人民的根本利益作为一切工作的最高标准，作为贯彻落实科学发展观的根本出发点和落脚点；必须切实把立党为公、执政为民的要求具体地、深入地落实到党和国家制定的各项方针政策中，落实到各级领导干部的思想和行动中，落实到关心群众生产生活的工作中。

马克思主义认为，人类社会必然走向共产主义。实现物质财富极大丰富、人民精神境界极大提高、每个人自由而全面发展的共产主义社会，是马克思主义最崇高的社会理想。实现共产主义是一个非常漫长的历史过程，只有在社会主义社会充分发展和高度发达的基础上才能实现。以人为本坚持了马克思主义的社会理想，同时又为实现远大理想和最终目标指明了现实途径。坚持以人为本，就要把促进人的全面发展作为经济社会发展的最终目的，既着眼于人民现实的物质文化生活需要，又着眼于促进人民素质的提高。要在经济社会不断发展的基础上，不断提高人的素质和能力，通过不断提高人的素质和能力，不断推进经济社会的发展。

实现人的全面发展，是一个长期的、渐进的过程。只有随着社会财富的不断增加和社会文明的持续进步，人民群众的物质文化生活需要才能日益充分地得到满足，人的全面发展才能日益充分地得到实现。我们党要把促进人的全面发展作为不懈追求，不断增强工作的紧迫感，以只争朝夕的精神抓住机遇，加快各项事业的发展，不断满足人民的多方面需要，同时又充分考虑现阶段的实际情况，不能提出超出现实可能的要求；要充分认识社会主义现代化建设的长期性和艰巨性，做好长期艰苦奋斗的思想准备，老老实实艰苦创业，踏踏实实艰苦奋斗；要坚持从具体事情做起，把以人为本贯穿到经济社会发展的各个方面，体现到党和国家的各项方针政策中，使贯彻落实科学发展观的过程成为不断为民造福的过程，成为不断提高人民生活水平的过程，成为不断提高人民思想道德素质、科学文化素质的过程，成为不断保障人民经济、政治、文化、社会权益的过程，在推动经济不断发展的基础上，促进社会全面进步和人的全面发展。

四、实践课堂

“改善城乡环境，建设生态家园”——家乡生态文明社会实践调研活动

（一）实践目标

1. 将理论知识运用于实践，深刻理解科学发展观的内涵，准确把握科学发展观的基本内容。

2. 通过对家乡近年来生态文明发展的面貌及现实状况进行调研，形成相关实践报告，从而为家乡的生态文明建设献计献策。

（二）实践方案

第一步　小组组队+资料搜集

班级内以小组为单位进行实践，每组由3~4名学生自由完成组队。每组自行拟定调研方案，确定以某一地域为调研对象。利用好图书馆、相关文献资料等，对调研对象近年来生态文明发展的状况展开资料搜集，形成文字初稿。

第二步　实地调研+撰写报告

每组通过资料搜集和实地走访相结合的方式，进行实践调研。可通过走访地方相关环境管理职能部门，了解近年来该地方的生态文明发展取得的成就和发生的巨大变化。在此基础上，撰写实践报告。

第三步　制作课件+课堂汇报

每小组将搜集的资料、图片、视频等整理成相关的PPT课件，在课堂展示汇报。

（三）实践评价

考核采用其他小组评分（50%）和教师评分（50%）相结合的方式。考核

评分表见附件。

附件：

“改善城乡环境，建设生态家园”——家乡生态文明社会实践调研活动考核评分表

评分项目	评分标准描述	分值	教师评分（50%）	小组评分（50%）	评价标准	考核等级
内容主题	1. 调研报告内容完整、紧扣主题 2. 调研报告内容准确、逻辑清晰 3. 调研内容具有思想价值和现实意义	40 分			优：≥90 分 良：75~89 分 中：60~74 分 差：≤59 分	
课件制作	1. 图文并茂，精致美观 2. 页面简洁，条理清晰 3. 使用动画、特效等创新技巧 4. 资料丰富	30 分				
表现效果	1. 声音洪亮，精神饱满 2. 脱稿讲述，表述流畅 3. 感情投入，感染力强	15 分				
团队合作	1. 全员参与 2. 分工合理 3. 配合默契度高	15 分				
教师点评： 教师签名： 年　月　日						

扫码学习

拓展阅读

五、巩固训练

（一）单项选择题

1. 科学发展观提出的时代主题是（　　）。

A. 和平　　B. 战争　　C. 和平与发展　　D. 发展

2. 科学发展观强调，社会主义民主政治的本质和核心是（　　）。

A. 党的领导　　B. 社会主义基本制度

C. 保持党的先进性　　D. 人民当家作主

3. 要树立正确的政绩观，首先要（　　）。

A. 树立科学的人才观　　B. 树立科学的统筹观

C. 树立科学的发展观　　D. 树立科学的全局观

4. 我国可持续发展战略的中心是（　　）。

A. 经济发展　　B. 计划生育　　C. 环境建设　　D. 社会发展

5. 科学发展观走向成熟的标志是党的（　　）。

A. 十七大　　B. 十六届五中全会

C. 十六届三中全会　　D. 十八大

6. 科学发展观的核心是（　　）。

A. 发展经济　　B. 以人为本　　C. 为人民服务　　D. 可持续发展

7. 科学发展观的第一要义是（　　）。

A. 以人为本　　B. 发展

C. 全面协调可持续　　D. 统筹兼顾

8. 科学发展观的基本要求是（　　）。

A. 以人为本　　B. 发展

C. 全面协调可持续　　D. 统筹兼顾

9. 科学发展观的根本方法是（　　）。

A. 以人为本　　B. 发展

C. 全面协调可持续　　D. 统筹兼顾

10. 中共十七大报告的灵魂和贯穿报告全篇的一条主线是（　　）。

A. 坚持以经济建设为中心，不断解放和发展生产力

B. 科学发展观

C. 全面建设小康社会

D. 加强党的建设

11. 深入贯彻落实科学发展观，要全面推进社会主义（　　）。

A. 经济建设、政治建设、文化建设

B. 经济建设、政治建设、社会建设

C. 经济建设、政治建设、文化建设、社会建设

D. 经济建设、政治建设、文化建设、社会建设和生态文明建设

12. 全面协调可持续发展的基本要求既强调了经济社会发展各个方面相联系、相协调，也强调了（　　）相联系、相协调。

A. 人与人、人与社会　　B. 人与社会、人与环境

C. 人与人、人与社会、人与环境　　D. 人与人、人与社会、人与自然

13. 全面协调可持续发展的基本要求坚持了马克思主义关于（　　）发展的基本观点。

A. 人类　　B. 经济　　C. 人类社会　　D. 自然

14. 全面协调可持续发展中的全面，是指发展要有（　　）。

A. 全面性、系统性　　B. 系统性、一致性

C. 全面性、整体性　　D. 整体性、一致性

15. 坚持全面协调可持续发展，就要正确处理好（　　）的关系。

A. 经济发展与社会发展　　B. 经济发展与消费、投资拉动

C. 经济发展与供需平衡　　D. 经济发展与科技进步

16. 坚持全面协调可持续发展，就要统筹安排和处理好（　　）的关系等经济发展重大问题。

A. 消费和供给

B. 发展的速度和结构、质量、效益

C. 市场机制和计划手段

D. 国内经济发展与国际金融市场疲软

17. 坚持全面协调可持续发展的基本要求，必须按照中国特色社会主义总体布局，（　　），不断促进经济社会发展和社会全面进步。

A. 坚持四项基本原则　　B. 坚持改革开放

C. 坚持中国特色社会主义道路　　D. 坚持以经济建设为中心

18. 坚持全面协调可持续发展的基本要求，必须坚持（　　）的文明发展道路。

A. 生产发展、生活富裕、生态良好

B. 经济发达、生活富裕、生态良好

C. 经济发达、生活幸福、环境良好

D. 生产发展、生活幸福、环境良好

19. （　　）是走文明发展道路的应有之义。

A. 生产发展　　B. 生态良好　　C. 生活富裕　　D. 环境良好

20. 建设生态文明，是党的（　　）首次提出的一项重要战略任务。

A. 十六大　　B. 十七大

C. 十六届三中全会　　D. 十七届三中全会

（二）多项选择题

1. 构建社会主义和谐社会是（　　）整体和谐的社会。

A. 人与人　　B. 人与社会　　C. 经济与政治　　D. 人与自然

2. 科学发展观形成的现实依据是（　　）。

A. 马克思主义　　B. 社会主义初级阶段基本国情

C. 人民群众是历史的创造者　　D. 新的阶段性特征

3. 2007 年 6 月 25 日，胡锦涛同志在中央党校省部级干部进修班发表重要讲话，对科学发展观作出了更加完善的表述，他明确指出：科学发展观的（　　）。

A. 第一要义是发展　　B. 核心立场是以人为本

C. 根本方法是统筹兼顾　　D. 基本要求是全面协调可持续

4. 科学发展观强调，建设生态文明，实质上就是要（　　）。

A. 以资源环境承载力为基础

B. 以自然规律为准则

C. 以可持续发展为目标

D. 建设资源节约型、环境友好型社会

5. 科学发展观最鲜明的精神实质是（　　）。

A. 解放思想　　B. 实事求是　　C. 与时俱进　　D. 求真务实

6. 统筹兼顾的协调发展，就是要统筹（　　）。

A. 城乡与区域发展　　B. 人与自然和谐发展

C. 经济社会发展　　D. 国内发展和对外开放

7. 坚持实施可持续发展战略，要正确处理经济发展同（　　）的关系。

A. 人口　　B. 资源　　C. 能源　　D. 环境

8. 一个只重视物质文明建设的发展而轻视（　　）建设的发展的社会，是一个非良性发展的社会。

A. 政治文明　　B. 精神文明　　C. 社会文明　　D. 生态文明

9. 传统发展观所关注的只是“如何发展得更快”，却忽视了（　　）这样的价值论、目的论问题。

A. 发展模式　　B. 为什么发展　　C. 发展什么　　D. 为谁发展

10. 科学发展观是适应新的发展要求提出来的。进入新世纪新阶段，随着（　　）、国际化的不断发展，我国发展呈现出一系列新的阶段性特征。

A. 工业化　　B. 信息化　　C. 城镇化　　D. 市场化

11. 科学发展观是我们党在深刻发展变化着的国际国内大背景下，顺应当今世界的发展潮流，在（　　）的伟大实践中应运而生的。

A. 适应新形势　B. 迎接新机遇　C. 应对新挑战　D. 完成新任务

12. 科学发展观，是对党的三代中央领导集体关于发展的重要思想的继承和发展，是同（　　）既一脉相承又与时俱进的科学理论。

A. 马克思列宁主义　B. 毛泽东思想

C. 邓小平理论　D. “三个代表”重要思想

13. 坚持以人为本，是（　　）的本质要求。

A. 立党为公　B. 执政为民　C. 社会公平　D. 民主执政

14. 党的基本路线的两个基本点是（　　）。

A. 坚持解放思想　B. 坚持四项基本原则

C. 坚持改革开放　D. 坚持实事求是

15. 深入学习实践科学发展观，依法逐步建立以（　　）为主要内容的社会公平保障体系，让全体人民共享发展成果。

A. 权利公平　B. 机会公平　C. 规则公平　D. 分配公平

（三）判断题

1. 实施可持续发展战略必须正确处理经济发展与人口、资源和生态环境的关系。(　　)

2. 全面发展是指以经济建设为中心，全面推进经济建设、文化建设，党的建设。(　　)

3. 科学发展观丰富和完善了新世纪新阶段我国现代化建设的发展思路、发展道路和发展战略。(　　)

4. 胡锦涛指出，加强和改善党的领导，实质就是要树立和落实科学发展观。(　　)

5. 关于发展的本质、目的、内涵和要求的总体看法和根本观点是发展道路。(　　)

6. 凡是符合科学发展观的事就全力以赴地去做，不符合的就毫不犹豫地去改。(　　)

7. 实施科教兴国的关键所在是发展科学技术。(　　)

8. 树立和落实科学发展观是贯彻落实“三个代表”重要思想的具体体现。(　　)

9. 统筹区域发展的实质是东西部地区同时发展，实现共同富裕。(　　)

10. 贯彻科学发展观，必须牢牢抓住社会主义民主政治建设这个中心。(　　)

11. 科学发展观的核心是发展。(　　)

12. 调整经济结构和转变经济增长方式是落实科学发展观的唯一要求。(　　)

13. “又快又好”的发展一直是我国推崇的经济增长方式。(　　)

14. 党的十七大第一次把以人为本、全面协调可持续发展的科学发展观写入党章。(　　)

15. 中国特色社会主义理论体系就是只包括邓小平理论、“三个代表”重要思想及科学发展观的科学理论体系。(　　)

16. 科学发展观的核心是以人为本，基本要求是全面协调可持续，根本方法是统筹兼顾。(　　)

17. 党的十七大强调要建设生态文明，这是我们党第一次把它作为一项战略任务明确提出来。(　　)

18. 深入贯彻落实科学发展观，要求我们始终坚持“一个中心，两个基本点”的基本路线。(　　)

19. 科学发展观的第一要义是以人为本，核心是发展，基本要求是全面协调可持续，根本方法是统筹兼顾。(　　)

20. 党的十七大报告指出：人民民主是社会主义的生命。(　　)

（四）简答题

1. 简述科学发展观的核心立场。

2. 简述科学发展观的主要内容。